Scarlet Sails

The Elephant and the Pug

Alexander Green

Алые паруса

Слон и Моська

Александр Грин

Scarlet Sails; The Elephant and the Pug

ISNB: 978-1-61895-270-7

ISNB: 978-1-61895-270-7

Алые паруса

I

Предсказание

Лонгрен, матрос «Ориона», крепкого трехсоттонного брига, на котором он прослужил десять лет и к которому был привязан сильнее, чем иной сын к родной матери, должен был, наконец, покинуть службу.

Это произошло так. В одно из его редких возвращений домой, он не увидел, как всегда еще издали, на пороге дома свою жену Мери, всплескивающую руками, а затем бегущую навстречу до потери дыхания. Вместо нее, у детской кроватки – нового предмета в маленьком доме Лонгрена – стояла взволнованная соседка.

– Три месяца я ходила за нею, старик, – сказала она, – посмотри на свою дочь.

Мертвея, Лонгрен наклонился и увидел восьмимесячное существо, сосредоточенно взиравшее на его длинную бороду, затем сел, потупился и стал крутить ус. Ус был мокрый, как от дождя.

– Когда умерла Мери? – спросил он.

Женщина рассказала печальную историю, перебивая рассказ умильным гульканием девочке и уверениями, что Мери в раю. Когда Лонгрен узнал подробности, рай показался ему немного светлее дровяного сарая, и он подумал, что огонь простой лампы – будь теперь они все вместе, втроем – был бы для ушедшей в неведомую страну женщины незаменимой отрадой.

Месяца три назад хозяйственные дела молодой матери были совсем плохи. Из денег, оставленных Лонгреном, добрая половина ушла на лечение после трудных родов, на заботы о здоровье новорожденной; наконец, потеря небольшой, но необходимой для жизни суммы заставила Мери попросить в долг денег у Меннерса.

Меннерс держал трактир, лавку и считался состоятельным человеком.

Мери пошла к нему в шесть часов вечера. Около семи рассказчица встретила ее на дороге к Лиссу. Заплаканная и расстроенная Мери сказала, что идет в город заложить обручальное кольцо. Она прибавила, что Меннерс соглашался дать денег, но требовал за это любви. Мери ничего не добилась.

— У нас в доме нет даже крошки съестного, — сказала она соседке. — Я схожу в город, и мы с девочкой перебьемся как-нибудь до возвращения мужа.

В этот вечер была холодная, ветреная погода; рассказчица напрасно уговаривала молодую женщину не ходить в Лисс к ночи. «Ты промокнешь, Мери, накрапывает дождь, а ветер, того и гляди, принесет ливень».

Взад и вперед от приморской деревни в город составляло не менее трех часов скорой ходьбы, но Мери не послушалась советов рассказчицы. «Довольно мне колоть вам глаза, — сказала она, — и так уж нет почти ни одной семьи, где я не взяла бы в долг хлеба, чаю или муки. Заложу колечко, и кончено». Она сходила, вернулась, а на другой день слегла в жару и бреду; непогода и вечерняя изморось сразила ее двухсторонним воспалением легких, как сказал городской врач, вызванный добросердной рассказчицей. Через неделю на двуспальной кровати Лонгрена осталось пустое место, а соседка переселилась в его дом нянчить и кормить девочку. Ей, одинокой вдове, это было не трудно. К тому же, — прибавила она, — без такого несмышленыша скучно.

Лонгрен поехал в город, взял расчет, простился с товарищами и стал растить маленькую Ассоль. Пока девочка не научилась твердо ходить, вдова жила у матроса, заменяя сиротке мать, но лишь только Ассоль перестала падать, занося ножку через порог, Лонгрен решительно объявил, что теперь он будет сам все делать для девочки, и, поблагодарив вдову за деятельное сочувствие, зажил одинокой жизнью вдовца, сосредоточив все помыслы, надежды, любовь и воспоминания на маленьком существе.

Десять лет скитальческой жизни оставили в его руках очень немного денег. Он стал работать. Скоро в городских магазинах появились его игрушки – искусно сделанные маленькие модели лодок, катеров, однопалубных и двухпалубных парусников, крейсеров, пароходов – словом, того, что он близко знал, что, в силу характера работы, отчасти заменяло ему грохот портовой жизни и живописный труд плаваний. Этим способом Лонгрен добывал столько, чтобы жить в рамках умеренной экономии. Малообщительный по натуре, он, после смерти жены, стал еще замкнутее и нелюдимее. По праздникам его иногда видели в трактире, но он никогда не присаживался, а торопливо выпивал за стойкой стакан водки и уходил, коротко бросая по сторонам «да», «нет», «здравствуйте», «прощай», «помаленьку» – на все обращения и кивки соседей. Гостей он не выносил, тихо спроваживая их не силой, но такими намеками и вымышленными обстоятельствами, что посетителю не оставалось ничего иного, как выдумать причину, не позволяющую сидеть дольше.

Сам он тоже не посещал никого; таким образом меж ним и земляками легло холодное отчуждение, и будь работа Лонгрена – игрушки – менее независима от дел деревни, ему пришлось бы ощутительнее испытать на себе последствия таких отношений. Товары и съестные припасы он закупал в городе – Меннерс не мог бы похвастаться даже коробкой спичек, купленной у него Лонгреном. Он делал также сам всю домашнюю работу и терпеливо проходил несвойственное мужчине сложное искусство ращения девочки.

Ассоль было уже пять лет, и отец начинал все мягче и мягче улыбаться, посматривая на ее нервное, доброе личико, когда, сидя у него на коленях, она трудилась над тайной застегнутого жилета или забавно напевала матросские песни – дикие ревостишия. В передаче детским голосом и не везде с буквой «р» эти песенки производили впечатление танцующего медведя, украшенного голубой ленточкой. В это время произошло событие, тень которого, павшая на отца, укрыла и дочь.

Была весна, ранняя и суровая, как зима, но в другом роде. Недели на три припал к холодной земле резкий береговой норд.

Рыбачьи лодки, повытащенные на берег, образовали на белом песке длинный ряд темных килей, напоминающих хребты громадных рыб. Никто не отваживался заняться промыслом в такую погоду. На единственной улице деревушки редко можно было увидеть человека, покинувшего дом; холодный вихрь, несшийся с береговых холмов в пустоту горизонта, делал «открытый воздух» суровой пыткой. Все трубы Каперны дымились с утра до вечера, трепля дым по крутым крышам.

Но эти дни норда выманивали Лонгрена из его маленького теплого дома чаще, чем солнце, забрасывающее в ясную погоду море и Каперну покрывалами воздушного золота. Лонгрен выходил на мостик, настланный по длинным рядам свай, где, на самом конце этого дощатого мола, подолгу курил раздуваемую ветром трубку, смотря, как обнаженное у берегов дно дымилось седой пеной, еле поспевающей за валами, грохочущий бег которых к черному, штормовому горизонту наполнял пространство стадами фантастических гривастых существ, несущихся в разнузданном свирепом отчаянии к далекому утешению. Стоны и шумы, завывающая пальба огромных взлетов воды и, казалось, видимая струя ветра, полосующего окрестность, – так силен был его ровный пробег, – давали измученной душе Лонгрена ту притупленность, оглушенность, которая, низводя горе к смутной печали, равна действием глубокому сну.

В один из таких дней двенадцатилетний сын Меннерса, Хин, заметив, что отцовская лодка бьется под мостками о сваи, ломая борта, пошел и сказал об этом отцу. Шторм начался недавно; Меннерс забыл вывести лодку на песок. Он немедленно отправился к воде, где увидел на конце мола, спиной к нему стоявшего, куря, Лонгрена. На берегу, кроме их двух, никого более не было. Меннерс прошел по мосткам до середины, спустился в бешено-плещущую воду и отвязал шкот; стоя в лодке, он стал пробираться к берегу, хватаясь руками за сваи. Весла он не взял, и в тот момент, когда, пошатнувшись, упустил схватиться за очередную сваю, сильный удар ветра швырнул нос лодки от мостков в сторону океана. Теперь даже всей длиной тела Меннерс не мог бы достичь самой ближайшей сваи. Ветер и волны, раскачивая, несли лодку в гибельный простор. Сознав положение, Меннерс хотел броситься в воду, чтобы плыть к берегу, но решение его запоздало, так как лодка вертелась уже недалеко от конца мола, где значительная глубина воды и ярость валов обещали верную смерть. Меж Лонгреном и Меннерсом, увлекаемым в штормовую даль, было не больше десяти сажен еще спасительного расстояния, так как на мостках под рукой у Лонгрена висел сверток каната с вплетенным в один его конец грузом. Канат этот висел на случай причала в бурную погоду и бросался с мостков.

– Лонгрен! – закричал смертельно перепуганный Меннерс. – Что же ты стал, как пень? Видишь, меня уносит; брось причал!

Лонгрен молчал, спокойно смотря на метавшегося в лодке Меннерса, только его трубка задымила сильнее, и он, помедлив, вынул ее изо рта, чтобы лучше видеть происходящее.

– Лонгрен! – взывал Меннерс. – Ты ведь слышишь меня, я погибаю, спаси!

Но Лонгрен не сказал ему ни одного слова; казалось, он не слышал отчаянного вопля. Пока не отнесло лодку так далеко, что еле долетали слова-крики Меннерса, он не переступил даже с ноги на ногу. Меннерс рыдал от ужаса, заклинал матроса бежать к рыбакам, позвать помощь, обещал деньги, угрожал и сыпал проклятиями, но Лонгрен только подошел ближе к самому краю мола, чтобы не сразу потерять из вида метания и скачки лодки. «Лонгрен, – донеслось к нему глухо, как с крыши – сидящему внутри дома, – спаси!» Тогда, набрав воздуха и глубоко вздохнув, чтобы не потерялось в ветре ни одного слова, Лонгрен крикнул: – Она так же просила тебя! Думай об этом, пока еще жив, Меннерс, и не забудь!

Тогда крики умолкли, и Лонгрен пошел домой. Ассоль, проснувшись, увидела, что отец сидит пред угасающей лампой в глубокой задумчивости. Услышав голос девочки, звавшей его, он подошел к ней, крепко поцеловал и прикрыл сбившимся одеялом.

– Спи, милая, – сказал он, – до утра еще далеко.

– Что ты делаешь?

– Черную игрушку я сделал, Ассоль, – спи!

На другой день только и разговоров было у жителей Каперны, что о пропавшем Меннерсе, а на шестой день привезли его самого, умирающего и злобного. Его рассказ быстро облетел окрестные деревушки. До вечера носило Меннерса; разбитый сотрясениями о борта и дно лодки, за время страшной борьбы с свирепостью волн, грозивших, не уставая, выбросить в море обезумевшего лавочника, он был подобран пароходом «Лукреция», шедшим в Кассет.

Простуда и потрясение ужаса прикончили дни Меннерса. Он прожил немного менее сорока восьми часов, призывая на Лонгрена все бедствия, возможные на земле и в воображении. Рассказ Меннерса, как матрос следил за его гибелью, отказав в помощи, красноречивый тем более, что умирающий дышал с трудом и стонал, поразил жителей Каперны. Не говоря уже о том, что редкий из них способен был помнить оскорбление и более тяжкое, чем перенесенное Лонгреном, и горевать так сильно, как горевал он до конца жизни о Мери, – им было отвратительно, непонятно, поражало их, что Лонгрен молчал. Молча, до своих последних слов, посланных вдогонку Меннерсу, Лонгрен стоял; стоял неподвижно, строго и тихо, как судья, выказав глубокое презрение к Меннерсу – большее, чем ненависть, было в его молчании, и это все чувствовали. Если бы он кричал, выражая жестами или суетливостью злорадства, или еще чем иным свое торжество при виде отчаяния Меннерса, рыбаки поняли бы его, но он поступил иначе, чем поступали они – поступил внушительно, непонятно и этим поставил себя выше других, словом, сделал то, чего не прощают. Никто более не кланялся ему, не протягивал руки, не бросал узнающего, здоровающегося взгляда. Совершенно навсегда остался он в стороне от деревенских дел; мальчишки, завидев его, кричали вдогонку: «Лонгрен утопил Меннерса!». Он не обращал на это внимания. Так же, казалось, он не замечал и того, что в трактире или на берегу, среди лодок, рыбаки умолкали в его присутствии, отходя в сторону, как от зачумленного. Случай с Меннерсом закрепил ранее неполное отчуждение. Став полным, оно вызвало прочную взаимную ненависть, тень которой пала и на Ассоль.

Девочка росла без подруг. Два-три десятка детей ее возраста, живших в Каперне, пропитанной, как губка водой, грубым семейным началом, основой которого служил непоколебимый авторитет матери и отца, переимчивые, как все дети в мире, вычеркнули раз – навсегда маленькую Ассоль из сферы своего покровительства и внимания. Совершилось это, разумеется, постепенно, путем внушения и окриков взрослых приобрело характер страшного запрета, а затем, усиленное пересудами и кривотолками, разрослось в детских умах страхом к дому матроса.

К тому же замкнутый образ жизни Лонгрена освободил теперь истерический язык сплетни; про матроса говаривали, что он где-то кого-то убил, оттого, мол, его больше не берут служить на суда, а сам он мрачен и нелюдим, потому что «терзается угрызениями преступной совести». Играя, дети гнали Ассоль, если она приближалась к ним, швыряли грязью и дразнили тем, что будто отец ее ел человеческое мясо, а теперь делает фальшивые деньги. Одна за другой, наивные ее попытки к сближению оканчивались горьким плачем, синяками, царапинами и другими проявлениями общественного мнения; она перестала, наконец, оскорбляться, но все еще иногда спрашивала отца: – «Скажи, почему нас не любят?» – «Э, Ассоль, – говорил Лонгрен, – разве они умеют любить? Надо уметь любить, а этого-то они не могут». – «Как это – уметь?» – «А вот так!» Он брал девочку на руки и крепко целовал грустные глаза, жмурившиеся от нежного удовольствия.

Любимым развлечением Ассоль было по вечерам или в праздник, когда отец, отставив банки с клейстером, инструменты и неоконченную работу, садился, сняв передник, отдохнуть, с трубкой в зубах, – забраться к нему на колени и, вертясь в бережном кольце отцовской руки, трогать различные части игрушек, расспрашивая об их назначении. Так начиналась своеобразная фантастическая лекция о жизни и людях – лекция, в которой, благодаря прежнему образу жизни Лонгрена, случайностям, случаю вообще, – диковинным, поразительным и необыкновенным событиям отводилось главное место. Лонгрен, называя девочке имена снастей, парусов, предметов морского обихода, постепенно увлекался, переходя от объяснений к различным эпизодам, в которых играли роль то брашпиль, то рулевое колесо, то мачта или какой-нибудь тип лодки и т. п., а от отдельных иллюстраций этих переходил к широким картинам морских скитаний, вплетая суеверия в действительность, а действительность – в образы своей фантазии. Тут появлялась и тигровая кошка, вестница кораблекрушения, и говорящая летучая рыба, не послушаться приказаний которой значило сбиться с курса, и Летучий Голландец с неистовым своим экипажем; приметы, привидения, русалки, пираты – словом, все басни, коротающие досуг моряка в штиле или излюбленном кабаке. Рассказывал

Лонгрен также о потерпевших крушение, об одичавших и разучившихся говорить людях, о таинственных кладах, бунтах каторжников и многом другом, что выслушивалось девочкой внимательнее, чем может быть слушался в первый раз рассказ Колумба о новом материке. – «Ну, говори еще», – просила Ассоль, когда Лонгрен, задумавшись, умолкал, и засыпала на его груди с головой, полной чудесных снов.

Также служило ей большим, всегда материально существенным удовольствием появление приказчика городской игрушечной лавки, охотно покупавшей работу Лонгрена. Чтобы задобрить отца и выторговать лишнее, приказчик захватывал с собой для девочки пару яблок, сладкий пирожок, горсть орехов. Лонгрен обыкновенно просил настоящую стоимость из нелюбви к торгу, а приказчик сбавлял. – «Эх, вы, – говорил Лонгрен, – да я неделю сидел над этим ботом. – Бот был пятивершковый. – Посмотри, что за прочность, а осадка, а доброта? Бот этот пятнадцать человек выдержит в любую погоду». Кончалось тем, что тихая возня девочки, мурлыкавшей над своим яблоком, лишала Лонгрена стойкости и охоты спорить; он уступал, а приказчик, набив корзину превосходными, прочными игрушками, уходил, посмеиваясь в усы. Всю домовую работу Лонгрен исполнял сам: колол дрова, носил воду, топил печь, стряпал, стирал, гладил белье и, кроме всего этого, успевал работать для денег. Когда Ассоль исполнилось восемь лет, отец выучил ее читать и писать. Он стал изредка брать ее с собой в город, а затем посылать даже одну, если была надобность перехватить денег в магазине или снести товар. Это случалось не часто, хотя Лисс лежал всего в четырех верстах от Каперны, но дорога к нему шла лесом, а в лесу многое может напугать детей, помимо физической опасности, которую, правда, трудно встретить на таком близком расстоянии от города, но все-таки не мешает иметь в виду. Поэтому только в хорошие дни, утром, когда окружающая дорогу чаща полна солнечным ливнем, цветами и тишиной, так что впечатлительности Ассоль не грозили фантомы воображения, Лонгрен отпускал ее в город.

Однажды, в середине такого путешествия к городу, девочка присела у дороги съесть кусок пирога, положенного в корзинку на завтрак. Закусывая, она перебирала игрушки; из них две-три оказались новинкой для нее: Лонгрен сделал их ночью. Одна такая новинка была миниатюрной гоночной яхтой; белое суденышко подняло алые паруса, сделанные из обрезков шелка, употреблявшегося Лонгреном для оклейки пароходных кают – игрушек богатого покупателя. Здесь, видимо, сделав яхту, он не нашел подходящего материала для паруса, употребив что было – лоскутки алого шелка. Ассоль пришла в восхищение. Пламенный веселый цвет так ярко горел в ее руке, как будто она держала огонь. Дорогу пересекал ручей, с переброшенным через него жердяным мостиком; ручей справа и слева уходил в лес. «Если я спущу ее на воду поплавать немного, размышляла Ассоль, – она ведь не промокнет, я ее потом вытру». Отойдя в лес за мостик, по течению ручья, девочка осторожно спустила на воду у самого берега пленившее ее судно; паруса тотчас сверкнули алым отражением в прозрачной воде: свет, пронизывая материю, лег дрожащим розовым излучением на белых камнях дна. – «Ты откуда приехал, капитан? – важно спросила Ассоль воображенное лицо и, отвечая сама себе, сказала: – Я приехал» приехал… приехал я из Китая. – А что ты привез? – Что привез, о том не скажу. – Ах, ты так, капитан! Ну, тогда я тебя посажу обратно в корзину». Только что капитан приготовился смиренно ответить, что он пошутил и что готов показать слона, как вдруг тихий отбег береговой струи повернул яхту носом к середине ручья, и, как настоящая, полным ходом покинув берег, она ровно поплыла вниз. Мгновенно изменился масштаб видимого: ручей казался девочке огромной рекой, а яхта – далеким, большим судном, к которому, едва не падая в воду, испуганная и оторопевшая, протягивала она руки. «Капитан испугался», – подумала она и побежала за уплывающей игрушкой, надеясь, что ее где-нибудь прибьет к берегу. Поспешно таща не тяжелую, но мешающую корзинку, Ассоль твердила: – «Ах, господи! Ведь случись же…» – Она старалась не терять из вида красивый, плавно убегающий треугольник парусов, спотыкалась, падала и снова бежала.

Ассоль никогда не бывала так глубоко в лесу, как теперь. Ей, поглощенной нетерпеливым желанием поймать игрушку, не смотрелось по сторонам; возле берега, где она суетилась, было довольно препятствий, занимавших внимание. Мшистые стволы упавших деревьев, ямы, высокий папоротник, шиповник, жасмин и орешник мешали ей на каждом шагу; одолевая их, она постепенно теряла силы, останавливаясь все чаще и чаще, чтобы передохнуть или смахнуть с лица липкую паутину. Когда потянулись, в более широких местах, осоковые и тростниковые заросли, Ассоль совсем было потеряла из вида алое сверкание парусов, но, обежав излучину течения, снова увидела их, степенно и неуклонно бегущих прочь. Раз она оглянулась, и лесная громада с ее пестротой, переходящей от дымных столбов света в листве к темным расселинам дремучего сумрака, глубоко поразила девочку. На мгновение оробев, она вспомнила вновь об игрушке и, несколько раз выпустив глубокое «ф-ф-у-уу», побежала изо всех сил.

В такой безуспешной и тревожной погоне прошло около часу, когда с удивлением, но и с облегчением Ассоль увидела, что деревья впереди свободно раздвинулись, пропустив синий разлив моря, облака и край желтого песчаного обрыва, на который она выбежала, почти падая от усталости. Здесь было устье ручья; разлившись нешироко и мелко, так что виднелась струящаяся голубизна камней, он пропадал в встречной морской волне. С невысокого, изрытого корнями обрыва Ассоль увидела, что у ручья, на плоском большом камне, спиной к ней, сидит человек, держа в руках сбежавшую яхту, и всесторонне рассматривает ее с любопытством слона, поймавшего бабочку. Отчасти успокоенная тем, что игрушка цела, Ассоль сползла по обрыву и, близко подойдя к незнакомцу, воззрилась на него изучающим взглядом, ожидая, когда он подымет голову. Но неизвестный так погрузился в созерцание лесного сюрприза, что девочка успела рассмотреть его с головы до ног, установив, что людей, подобных этому незнакомцу, ей видеть еще ни разу не приходилось.

Но перед ней был не кто иной, как путешествующий пешком Эгль, известный собиратель песен, легенд, преданий и сказок. Седые кудри складками выпадали из-под его соломенной шляпы; серая блуза, заправленная в синие брюки, и высокие сапоги придавали ему вид охотника; белый воротничок, галстук, пояс, унизанный серебром блях, трость и сумка с новеньким никелевым замочком – выказывали горожанина. Его лицо, если можно назвать лицом нос, губы и глаза, выглядывавшие из бурно разросшейся лучистой бороды и пышных, свирепо взрогаченных вверх усов, казалось бы вялопрозрачным, если бы не глаза, серые, как песок, и блестящие, как чистая сталь, с взглядом смелым и сильным.

– Теперь отдай мне, – несмело сказала девочка. – Ты уже поиграл. Ты как поймал ее?

Эгль поднял голову, уронив яхту, – так неожиданно прозвучал взволнованный голосок Ассоль. Старик с минуту разглядывал ее, улыбаясь и медленно пропуская бороду в большой, жилистой горсти. Стиранное много раз ситцевое платье едва прикрывало до колен худенькие, загорелые ноги девочки. Ее темные густые волосы, забранные в кружевную косынку, сбились, касаясь плеч. Каждая черта Ассоль была выразительно легка и чиста, как полет ласточки. Темные, с оттенком грустного вопроса глаза казались несколько старше лица; его неправильный мягкий овал был овеян того рода прелестным загаром, какой присущ здоровой белизне кожи. Полураскрытый маленький рот блестел кроткой улыбкой.

– Клянусь Гриммами, Эзопом и Андерсеном, – сказал Эгль, посматривая то на девочку, то на яхту. – Это что-то особенное. Слушай-ка ты, растение! Это твоя штука?

– Да, я за ней бежала по всему ручью; я думала, что умру. Она была тут?

– У самых моих ног. Кораблекрушение причиной того, что я, в качестве берегового пирата, могу вручить тебе этот приз. Яхта, покинутая экипажем, была выброшена на песок трехвершковым валом – между моей левой пяткой и оконечностью палки. – Он стукнул тростью. – Как зовут тебя, крошка?

– Ассоль, – сказала девочка, пряча в корзину поданную Эглем игрушку.

– Хорошо, – продолжал непонятную речь старик, не сводя глаз, в глубине которых поблескивала усмешка дружелюбного расположения духа. – Мне, собственно, не надо было спрашивать твое имя. Хорошо, что оно так странно, так однотонно, музыкально, как свист стрелы или шум морской раковины: что бы я стал делать, называйся ты одним из тех благозвучных, но нестерпимо привычных имен, которые чужды Прекрасной Неизвестности? Тем более я не желаю знать, кто ты, кто твои родители и как ты живешь.

11

К чему нарушать очарование? Я занимался, сидя на этом камне, сравнительным изучением финских и японских сюжетов... как вдруг ручей выплеснул эту яхту, а затем появилась ты... Такая, как есть. Я, милая, поэт в душе – хоть никогда не сочинял сам. Что у тебя в корзинке?

– Лодочки, – сказала Ассоль, встряхивая корзинкой, – потом пароход да еще три таких домика с флагами. Там солдаты живут.

– Отлично. Тебя послали продать. По дороге ты занялась игрой. Ты пустила яхту поплавать, а она сбежала – ведь так?

– Ты разве видел? – с сомнением спросила Ассоль, стараясь вспомнить, не рассказала ли она это сама. – Тебе кто-то сказал? Или ты угадал?

– Я это знал. – А как же?

– Потому что я – самый главный волшебник. Ассоль смутилась: ее напряжение при этих словах Эгля переступило границу испуга. Пустынный морской берег, тишина, томительное приключение с яхтой, непонятная речь старика с сверкающими глазами, величественность его бороды и волос стали казаться девочке смешением сверхъестественного с действительностью. Состри теперь Эгль гримасу или закричи что-нибудь – девочка помчалась бы прочь, заплакав и изнемогая от страха. Но Эгль, заметив, как широко раскрылись ее глаза, сделал крутой вольт.

– Тебе нечего бояться меня, – серьезно сказал он. – Напротив, мне хочется поговорить с тобой по душе. – Тут только он уяснил себе, что в лице девочки было так пристально отмечено его впечатлением. «Невольное ожидание прекрасного, блаженной судьбы, – решил он. – Ах, почему я не родился писателем? Какой славный сюжет».

– Ну-ка, – продолжал Эгль, стараясь закруглить оригинальное положение (склонность к мифотворчеству – следствие всегдашней работы – было сильнее, чем опасение бросить на неизвестную почву семена крупной мечты), – ну-ка, Ассоль, слушай меня внимательно. Я был в той деревне – откуда ты, должно быть, идешь, словом, в Каперне. Я люблю сказки и песни, и просидел я в деревне той целый день, стараясь услышать что-нибудь никем не слышанное. Но у вас не рассказывают сказок. У вас не поют песен. А если рассказывают и поют, то, знаешь, эти истории о хитрых мужиках и солдатах, с вечным восхвалением жульничества, эти грязные, как немытые ноги, грубые, как урчание в животе, коротенькие четверостишия с ужасным мотивом… Стой, я сбился. Я заговорю снова. Подумав, он продолжал так: – Не знаю, сколько пройдет лет, – только в Каперне расцветет одна сказка, памятная надолго. Ты будешь большой, Ассоль. Однажды утром в морской дали под солнцем сверкнет алый парус. Сияющая громада алых парусов белого корабля двинется, рассекая волны, прямо к тебе. Тихо будет плыть этот чудесный корабль, без криков и выстрелов; на берегу много соберется народу, удивляясь и ахая: и ты будешь стоять там Корабль подойдет величественно к самому берегу под звуки прекрасной музыки; нарядная, в коврах, в золоте и цветах, поплывет от него быстрая лодка. – «Зачем вы приехали? Кого вы ищете?» – спросят люди на берегу. Тогда ты увидишь храброго красивого принца; он будет стоять и протягивать к тебе руки. – «Здравствуй, Ассоль! – скажет он. – Далеко-далеко отсюда я увидел тебя во сне и приехал, чтобы увезти тебя навсегда в свое царство. Ты будешь там жить со мной в розовой глубокой долине. У тебя будет все, чего только ты пожелаешь; жить с тобой мы станем так дружно и весело, что никогда твоя душа не узнает слез и печали». Он посадит тебя в лодку, привезет на корабль, и ты уедешь навсегда в блистательную страну, где всходит солнце и где звезды спустятся с неба, чтобы поздравить тебя с приездом.

– Это все мне? – тихо спросила девочка. Ее серьезные глаза, повеселев, просияли доверием. Опасный волшебник, разумеется, не стал бы говорить так; она подошла ближе. – Может быть, он уже пришел… тот корабль?

– Не так скоро, – возразил Эгль, – сначала, как я сказал, ты вырастешь. Потом… Что говорить? – это будет, и кончено. Что бы ты тогда сделала?

– Я? – Она посмотрела в корзину, но, видимо, не нашла там ничего достойного служить веским вознаграждением. – Я бы его любила, – поспешно сказала она, и не совсем твердо прибавила: – если он не дерется.

– Нет, не будет драться, – сказал волшебник, таинственно подмигнув, – не будет, я ручаюсь за это. Иди, девочка, и не забудь того, что сказал тебе я меж двумя глотками ароматической водки и размышлением о песнях каторжников. Иди. Да будет мир пушистой твоей голове!

Лонгрен работал в своем маленьком огороде, окапывая картофельные кусты. Подняв голову, он увидел Ассоль, стремглав бежавшую к нему с радостным и нетерпеливым лицом.

— Ну, вот … — сказала она, силясь овладеть дыханием, и ухватилась обеими руками за передник отца. — Слушай, что я тебе расскажу… На берегу, там, далеко, сидит волшебник… Она начала с волшебника и его интересного предсказания. Горячка мыслей мешала ей плавно передать происшествие. Далее шло описание наружности волшебника и – в обратном порядке – погоня за упущенной яхтой.

Лонгрен выслушал девочку, не перебивая, без улыбки, и, когда она кончила, воображение быстро нарисовало ему неизвестного старика с ароматической водкой в одной руке и игрушкой в другой. Он отвернулся, но, вспомнив, что в великих случаях детской жизни подобает быть человеку серьезным и удивленным, торжественно закивал головой, приговаривая: — Так, так; по всем приметам, некому иначе и быть, как волшебнику. Хотел бы я на него посмотреть… Но ты, когда пойдешь снова, не сворачивай в сторону; заблудиться в лесу нетрудно.

Бросив лопату, он сел к низкому хворостяному забору и посадил девочку на колени. Страшно усталая, она пыталась еще прибавить кое-какие подробности, но жара, волнение и слабость клонили ее в сон. Глаза ее слипались, голова опустилась на твердое отцовское плечо, мгновение – и она унеслась бы в страну сновидений, как вдруг, обеспокоенная внезапным сомнением, Ассоль села прямо, с закрытыми глазами и, упираясь кулачками в жилет Лонгрена, громко сказала: – Ты как думаешь, придет волшебниковый корабль за мной или нет?

— Придет, — спокойно ответил матрос, — раз тебе это сказали, значит все верно.

«Вырастет, забудет, – подумал он, – а пока… не стоит отнимать у тебя такую игрушку. Много ведь придется в будущем увидеть тебе не алых, а грязных и хищных парусов: издали – нарядных и белых, вблизи – рваных и наглых. Проезжий человек пошутил с моей девочкой. Что ж?! Добрая шутка! Ничего – шутка! Смотри, как

14

сморило тебя, – полдня в лесу, в чаще. А насчет алых парусов думай, как я: будут тебе алые паруса».

Ассоль спала. Лонгрен, достав свободной рукой трубку, закурил, и ветер пронес дым сквозь плетень, в куст, росший с внешней стороны огорода. У куста, спиной к забору, прожевывая пирог, сидел молодой нищий. Разговор отца с дочерью привел его в веселое настроение, а запах хорошего табаку настроил добычливо. – Дай, хозяин, покурить бедному человеку, – сказал он сквозь прутья. – Мой табак против твоего не табак, а, можно сказать, отрава.

– Я бы дал, – вполголоса ответил Лонгрен, – но табак у меня в том кармане. Мне, видишь, не хочется будить дочку.

– Вот беда! Проснется, опять уснет, а прохожий человек взял да и покурил.

– Ну, – возразил Лонгрен, – ты не без табаку все-таки, а ребенок устал. Зайди, если хочешь, попозже.

Нищий презрительно сплюнул, вздел на палку мешок и разъяснил: – Принцесса, ясное дело. Вбил ты ей в голову эти заморские корабли! Эх ты, чудак-чудаковский, а еще хозяин!

– Слушай-ка, – шепнул Лонгрен, – я, пожалуй, разбужу ее, но только затем, чтобы намылить твою здоровенную шею. Пошел вон!

Через полчаса нищий сидел в трактире за столом с дюжиной рыбаков. Сзади их, то дергая мужей за рукав, то снимая через их плечо стакан с водкой, – для себя, разумеется, – сидели рослые женщины с гнутыми бровями и руками круглыми, как булыжник. Нищий, вскипая обидой, повествовал: – И не дал мне табаку. – «Тебе, – говорит, – исполнится совершеннолетний год, а тогда, – говорит, – специальный красный корабль … За тобой. Так как твоя участь выйти за принца. И тому, – говорит, – волшебнику – верь». Но я говорю: – «Буди, буди, мол, табаку-то достать». Так ведь он за мной полдороги бежал.

– Кто? Что? О чем толкует? – слышались любопытные голоса женщин. Рыбаки, еле поворачивая головы, растолковывали с усмешкой: – Лонгрен с дочерью одичали, а может, повредились в рассудке; вот человек рассказывает. Колдун был у них, так понимать надо. Они ждут – тетки, вам бы не прозевать! – заморского принца, да еще под красными парусами!

Через три дня, возвращаясь из городской лавки, Ассоль

услышала в первый раз: – Эй, висельница! Ассоль! Посмотри-ка сюда! Красные паруса плывут!

Девочка, вздрогнув, невольно взглянула из-под руки на разлив моря. Затем обернулась в сторону восклицаний; там, в двадцати шагах от нее, стояла кучка ребят; они гримасничали, высовывая языки. Вздохнув, девочка побежала домой.

II

Грэй

Если Цезарь находил, что лучше быть первым в деревне, чем вторым в Риме, то Артур Грэй мог не завидовать Цезарю в отношении его мудрого желания. Он родился капитаном, хотел быть им и стал им.

Огромный дом, в котором родился Грэй, был мрачен внутри и величественен снаружи. К переднему фасаду примыкали цветник и часть парка. Лучшие сорта тюльпанов – серебристо-голубых, фиолетовых и черных с розовой тенью – извивались в газоне линиями прихотливо брошенных ожерелий. Старые деревья парка дремали в рассеянном полусвете над осокой извилистого ручья. Ограда замка, так как это был настоящий замок, состояла из витых чугунных столбов, соединенных железным узором. Каждый столб оканчивался наверху пышной чугунной лилией; эти чаши по торжественным дням наполнялись маслом, пылая в ночном мраке обширным огненным строем.

Отец и мать Грэя были надменные невольники своего положения, богатства и законов того общества, по отношению к которому могли говорить «мы». Часть их души, занятая галереей предков, мало достойна изображения, другая часть – воображаемое продолжение галереи – начиналась маленьким Грэем, обреченным по известному, заранее составленному плану прожить жизнь и умереть так, чтобы его портрет мог быть повешен на стене без

16

ущерба фамильной чести. В этом плане была допущена небольшая ошибка: Артур Грэй родился с живой душой, совершенно не склонной продолжать линию фамильного начертания.

Эта живость, эта совершенная извращенность мальчика начала сказываться на восьмом году его жизни; тип рыцаря причудливых впечатлений, искателя и чудотворца, т. е. человека, взявшего из бесчисленного разнообразия ролей жизни самую опасную и трогательную – роль провидения, намечался в Грэе еще тогда, когда, приставив к стене стул, чтобы достать картину, изображавшую распятие, он вынул гвозди из окровавленных рук Христа, т. е. попросту замазал их голубой краской, похищенной у маляра. В таком виде он находил картину более сносной. Увлеченный своеобразным занятием, он начал уже замазывать и ноги распятого, но был застигнут отцом. Старик снял мальчика со стула за уши и спросил: – Зачем ты испортил картину?

– Я не испортил.

– Это работа знаменитого художника.

– Мне все равно, – сказал Грэй. – Я не могу допустить, чтобы при мне торчали из рук гвозди и текла кровь. Я этого не хочу.

В ответе сына Лионель Грэй, скрыв под усами улыбку, узнал себя и не наложил наказания.

Грэй неутомимо изучал замок, делая поразительные открытия. Так, на чердаке он нашел стальной рыцарский хлам, книги, переплетенные в железо и кожу, истлевшие одежды и полчища голубей. В погребе, где хранилось вино, он получил интересные сведения относительно лафита, мадеры, хереса. Здесь, в мутном свете остроконечных окон, придавленных косыми треугольниками каменных сводов, стояли маленькие и большие бочки; самая большая, в форме плоского круга, занимала всю поперечную стену погреба, столетний темный дуб бочки лоснился как отшлифованный. Среди бочонков стояли в плетеных корзинках пузатые бутыли зеленого и синего стекла. На камнях и на земляном полу росли серые грибы с тонкими ножками: везде – плесень, мох, сырость, кислый, удушливый запах. Огромная паутина золотилась в дальнем углу, когда, под вечер, солнце высматривало ее последним лучом. В одном месте было зарыто две бочки лучшего Аликанте, какое существовало во время Кромвеля, и погребщик, указывая Грэю на пустой угол, не упускал случая повторить историю знаменитой могилы, в которой лежал мертвец, более живой, чем стая фокстерьеров. Начиная рассказ, рассказчик не забывал попробовать, действует ли кран большой бочки, и отходил от него, видимо, с облегченным сердцем, так как невольные слезы чересчур креп кой радости блестели в его повеселевших глазах.

— Ну вот что, — говорил Польдишок Грэю, усаживаясь на пустой ящик и набивая острый нос табаком, — видишь ты это место? Там лежит такое вино, за которое не один пьяница дал бы согласие вырезать себе язык, если бы ему позволили хватить небольшой стаканчик. В каждой бочке сто литров вещества, взрывающего душу и превращающего тело в неподвижное тесто. Его цвет темнее вишни, и оно не потечет из бутылки. Оно густо, как хорошие сливки. Оно заключено в бочки черного дерева, крепкого, как железо. На них двойные обручи красной меди. На обручах латинская надпись: «Меня выпьет Грэй, когда будет в раю». Эта надпись толковалась так пространно и разноречиво, что твой прадедушка, высокородный Симеон Грэй, построил дачу, назвал ее «Рай», и думал таким образом согласить загадочное изречение с действительностью путем невинного остроумия. Но что ты думаешь? Он умер, как только начали сбивать обручи, от разрыва сердца, — так волновался лакомый старичок. С тех пор бочку эту не трогают. Возникло убеждение, что драгоценное вино принесет несчастье. В самом деле, такой загадки не задавал египетский сфинкс. Правда, он спросил одного мудреца: — «Съем ли я тебя, как съедаю всех? Скажи правду, останешься жив», но и то, по зрелом размышлении…

— Кажется, опять каплет из крана, — перебивал сам себя Польдишок, косвенными шагами устремляясь в угол, где, укрепив кран, возвращался с открытым, светлым лицом. — Да. Хорошо рассудив, а главное, не торопясь, мудрец мог бы сказать сфинксу: «Пойдем, братец, выпьем, и ты забудешь об этих глупостях». «Меня выпьет Грэй, когда будет в раю!» Как понять? Выпьет, когда умрет, что ли? Странно. Следовательно, он святой, следовательно, он не пьет ни вина, ни простой водки. Допустим, что «рай» означает счастье. Но раз так поставлен вопрос, всякое счастье утратит половину своих блестящих перышек, когда счастливец искренно

18

спросит себя: рай ли оно? Вот то-то и штука. Чтобы с легким сердцем напиться из такой бочки и смеяться, мой мальчик, хорошо смеяться, нужно одной ногой стоять на земле, другой – на небе. Есть еще третье предположение: что когда-нибудь Грэй допьется до блаженно-райского состояния и дерзко опустошит бочечку. Но это, мальчик, было бы не исполнение предсказания, а трактирный дебош.

Убедившись еще раз в исправном состоянии крана большой бочки, Польдишок сосредоточенно и мрачно заканчивал: – Эти бочки привез в 1793 году твой предок, Джон Грэй, из Лиссабона, на корабле «Бигль»; за вино было уплачено две тысячи золотых пиастров. Надпись на бочках сделана оружейным мастером Вениамином Эльяном из Пондишери. Бочки погружены в грунт на шесть футов и засыпаны золой из виноградных стеблей. Этого вина никто не пил, не пробовал и не будет пробовать.

– Я выпью его, – сказал однажды Грэй, топнув ногой.

– Вот храбрый молодой человек! – заметил Польдишок. – Ты выпьешь его в раю?

– Конечно. Вот рай!.. Он у меня, видишь? – Грэй тихо засмеялся, раскрыв свою маленькую руку. Нежная, но твердых очертаний ладонь озарилась солнцем, и мальчик сжал пальцы в кулак. – Вот он, здесь!.. То тут, то опять нет...

Говоря это, он то раскрывал, то сжимал руку и наконец, довольный своей шуткой, выбежал, опередив Польдишока, по мрачной лестнице в коридор нижнего этажа.

Посещение кухни было строго воспрещено Грэю, но, раз открыв уже этот удивительный, полыхающий огнем очагов мир пара, копоти, шипения, клокотания кипящих жидкостей, стука ножей и вкусных запахов, мальчик усердно навещал огромное помещение. В суровом молчании, как жрецы, двигались повара; их белые колпаки на фоне почерневших стен придавали работе характер торжественного служения; веселые, толстые судомойки у бочек с водой мыли посуду, звеня фарфором и серебром; мальчики, сгибаясь под тяжестью, вносили корзины, полные рыб, устриц, раков и фруктов. Там на длинном столе лежали радужные фазаны, серые утки, пестрые куры: там свиная туша с коротеньким хвостом и младенчески закрытыми глазами; там – репа, капуста, орехи, синий изюм, загорелые персики.

На кухне Грэй немного робел: ему казалось, что здесь всем двигают темные силы, власть которых есть главная пружина жизни замка; окрики звучали как команда и заклинание; движения работающих, благодаря долгому навыку, приобрели ту отчетливую, скупую точность, какая кажется вдохновением. Грэй не был еще так высок, чтобы взглянуть в самую большую кастрюлю, бурлившую подобно Везувию, но чувствовал к ней особенное почтение; он с трепетом смотрел, как ее ворочают две служанки; на плиту выплескивалась тогда дымная пена, и пар, поднимаясь с зашумевшей плиты, волнами наполнял кухню. Раз жидкости выплеснулось так много, что она обварила руку одной девушке. Кожа мгновенно покраснела, даже ногти стали красными от прилива крови, и Бетси (так звали служанку), плача, натирала маслом пострадавшие места. Слезы неудержимо катились по ее круглому перепутанному лицу.

Грэй замер. В то время, как другие женщины хлопотали около Бетси, он пережил ощущение острого чужого страдания, которое не мог испытать сам.

– Очень ли тебе больно? – спросил он.

– Попробуй, так узнаешь, – ответила Бетси, накрывая руку передником.

Нахмурив брови, мальчик вскарабкался на табурет, зачерпнул длинной ложкой горячей жижи (сказать кстати, это был суп с бараниной) и плеснул на сгиб кисти. Впечатление оказалось не слабым, но слабость от сильной боли заставила его пошатнуться. Бледный, как мука, Грэй подошел к Бетси, заложив горящую руку в карман штанишек.

– Мне кажется, что тебе очень больно, – сказал он, умалчивая о своем опыте. – Пойдем, Бетси, к врачу. Пойдем же!

Он усердно тянул ее за юбку, в то время как сторонники домашних средств наперерыв давали служанке спасительные рецепты. Но девушка, сильно мучаясь, пошла с Грэем. Врач смягчил боль, наложив перевязку. Лишь после того, как Бетси ушла, мальчик показал свою руку. Этот незначительный эпизод сделал двадцатилетнюю Бетси и десятилетнего Грэя истинными друзьями. Она набивала его карманы пирожками и яблоками, а он рассказывал ей сказки и другое истории, вычитанные в своих книжках. Однажды он узнал, что Бетси не может выйти замуж за конюха Джима, ибо у них нет денег обзавестись хозяйством. Грэй разбил каминными щипцами свою фарфоровую копилку и вытряхнул оттуда все, что составляло около ста фунтов. Встав рано. когда бесприданница удалилась на кухню, он пробрался в ее комнату и, засунув подарок в сундук девушки, прикрыл его короткой запиской: «Бетси, это твое. Предводитель шайки разбойников Робин Гуд». Переполох, вызванный на кухне этой историей, принял такие размеры, что Грэй должен был сознаться в подлоге. Он не взял денег назад и не хотел более говорить об этом.

Его мать была одною из тех натур, которые жизнь отливает в готовой форме. Она жила в полусне обеспеченности, предусматривающей всякое желание заурядной души, поэтому ей не оставалось ничего делать, как советоваться с портнихами, доктором и дворецким. Но страстная, почти религиозная привязанность к своему странному ребенку была, надо полагать, единственным клапаном тех ее склонностей, захлороформированных воспитанием и судьбой, которые уже не живут, но смутно бродят, оставляя волю бездейственной. Знатная дама напоминала паву, высидевшую яйцо лебедя. Она болезненно чувствовала прекрасную обособленность сына; грусть, любовь и стеснение наполняли ее, когда она прижимала мальчика к груди, где сердце говорило другое, чем язык, привычно отражающий условные формы отношений и помышлений. Так облачный эффект, причудливо построенный солнечными лучами, проникает в симметрическую обстановку казенного здания, лишая ее банальных достоинств; глаз видит и не узнает помещения: таинственные оттенки света среди убожества творят ослепительную гармонию.

Знатная дама, чье лицо и фигура, казалось, могли отвечать лишь ледяным молчанием огненным голосам жизни, чья тонкая красота скорее отталкивала, чем привлекала, так как в ней чувствовалось надменное усилие воли, лишенное женственного притяжения, – эта Лилиан Грэй, оставаясь наедине с мальчиком, делалась простой мамой, говорившей любящим, кротким тоном те самые сердечные пустяки, какие не передашь на бумаге – их сила в чувстве, не в самих них. Она решительно не могла в чем бы то ни было отказать сыну. Она прощала ему все: пребывание в кухне, отвращение к урокам, непослушание и многочисленные причуды.

Если он не хотел, чтобы подстригали деревья, деревья оставались нетронутыми, если он просил простить или наградить кого-либо, заинтересованное лицо знало, что так и будет; он мог ездить на любой лошади, брать в замок любую собаку; рыться в библиотеке, бегать босиком и есть, что ему вздумается.

Его отец некоторое время боролся с этим, но уступил – не принципу, а желанию жены. Он ограничился удалением из замка всех детей служащих, опасаясь, что благодаря низкому обществу прихоти мальчика превратятся в склонности, трудно-искоренимые. В общем, он был всепоглощенно занят бесчисленными фамильными процессами, начало которых терялось в эпохе возникновения бумажных фабрик, а конец – в смерти всех кляузников. Кроме того, государственные дела, дела поместий, диктант мемуаров, выезды парадных охот, чтение газет и сложная переписка держали его в некотором внутреннем отдалении от семьи; сына он видел так редко, что иногда забывал, сколько ему лет.

Таким образом, Грэй жил в своем мире. Он играл один – обыкновенно на задних дворах замка, имевших в старину боевое значение. Эти обширные пустыри, с остатками высоких рвов, с заросшими мхом каменными погребами, были полны бурьяна, крапивы, репейника, терна и скромнопестрых диких цветов. Грэй часами оставался здесь, исследуя норы кротов, сражаясь с бурьяном, подстерегая бабочек и строя из кирпичного лома крепости, которые бомбардировал палками и булыжником.

Ему шел уже двенадцатый год, когда все намеки его души, все разрозненные черты духа и оттенки тайных порывов соединились в одном сильном моменте и тем получив стройное выражение стали неукротимым желанием. До этого он как бы находил лишь отдельные части своего сада – просвет, тень, цветок, дремучий и пышный ствол – во множестве садов иных, и вдруг увидел их ясно, все – в прекрасном, поражающем соответствии.

Это случилось в библиотеке. Ее высокая дверь с мутным стеклом вверху была обыкновенно заперта, но защелка замка слабо держалась в гнезде створок; надавленная рукой, дверь отходила, натуживалась и раскрывалась. Когда дух исследования заставил Грэя проникнуть в библиотеку, его поразил пыльный свет, вся сила и особенность которого заключалась в цветном узоре верхней части оконных стекол. Тишина покинутости стояла здесь, как прудовая вода. Темные ряды книжных шкапов местами примыкали к окнам, заслонив их наполовину, между шкапов были проходы, заваленные грудами книг. Там — раскрытый альбом с выскользнувшими внутренними листами, там — свитки, перевязанные золотым шнуром; стопы книг угрюмого вида; толстые пласты рукописей, насыпь миниатюрных томиков, трещавших, как кора, если их раскрывали; здесь — чертежи и таблицы, ряды новых изданий, карты; разнообразие переплетов, грубых, нежных, черных, пестрых, синих, серых, толстых, тонких, шершавых и гладких. Шкапы были плотно набиты книгами. Они казались стенами, заключившими жизнь в самой толще своей. В отражениях шкапных стекол виднелись другие шкапы, покрытые бесцветно блестящими пятнами. Огромный глобус, заключенный в медный сферический крест экватора и меридиана, стоял на круглом столе.

Обернувшись к выходу, Грэй увидел над дверью огромную картину, сразу содержанием своим наполнившую душное оцепенение библиотеки. Картина изображала корабль, вздымающийся на гребень морского вала. Струи пены стекали по его склону. Он был изображен в последнем моменте взлета. Корабль шел прямо на зрителя. Высоко поднявшийся бугшприт заслонял основание мачт. Гребень вала, распластанный корабельным килем, напоминал крылья гигантской птицы. Пена неслась в воздух. Паруса, туманно видимые из-за бакборта и выше бугшприта, полные неистовой силы шторма, валились всей громадой назад, чтобы, перейдя вал, выпрямиться, а затем, склоняясь над бездной, мчать судно к новым лавинам. Разорванные облака низко трепетали над океаном. Тусклый свет обреченно боролся с надвигающейся тьмой ночи. Но всего замечательнее была в этой картине фигура человека, стоящего на баке спиной к зрителю. Она выражала все положение, даже характер момента. Поза человека (он расставил ноги, взмахнув руками) ничего собственно не говорила о том, чем он занят, но заставляла предполагать крайнюю напряженность внимания, обращенного к

23

чему-то на палубе, невидимой зрителю. Завернутые полы его кафтана трепались ветром; белая коса и черная шпага вытянуто рвались в воздух; богатство костюма выказывало в нем капитана, танцующее положение тела – взмах вала; без шляпы, он был, видимо, поглощен опасным моментом и кричал – но что? Видел ли он, как валится за борт человек, приказывал ли повернуть на другой галс или, заглушая ветер, звал боцмана? Не мысли, но тени этих мыслей выросли в душе Грэя, пока он смотрел картину. Вдруг показалось ему, что слева подошел, став рядом, неизвестный невидимый; стоило повернуть голову, как причудливое ощущение исчезло бы без следа. Грэй знал это. Но он не погасил воображения, а прислушался. Беззвучный голос выкрикнул несколько отрывистых фраз, непонятных, как малайский язык; раздался шум как бы долгих обвалов; эхо и мрачный ветер наполнили библиотеку. Все это Грэй слышал внутри себя. Он осмотрелся: мгновенно вставшая тишина рассеяла звучную паутину фантазии; связь с бурей исчезла.

Грэй несколько раз приходил смотреть эту картину. Она стала для него тем нужным словом в беседе души с жизнью, без которого трудно понять себя. В маленьком мальчике постепенно укладывалось огромное море. Он сжился с ним, роясь в библиотеке, выискивая и жадно читая те книги, за золотой дверью которых открывалось синее сияние океана. Там, сея за кормой пену, двигались корабли. Часть их теряла паруса, мачты и, захлебываясь волной, опускалась в тьму пучин, где мелькают фосфорические глаза рыб. Другие, схваченные бурунами, бились о рифы; утихающее волнение грозно шатало корпус; обезлюдевший корабль с порванными снастями переживал долгую агонию, пока новый шторм не разносил его в щепки. Третьи благополучно грузились в одном порту и выгружались в другом; экипаж, сидя за трактирным столом, воспевал плавание и любовно пил водку. Были там еще корабли-пираты, с черным флагом и страшной, размахивающей ножами командой; корабли-призраки, сияющие мертвенным светом синего озарения; военные корабли с солдатами, пушками и музыкой; корабли научных экспедиций, высматривающие вулканы, растения и животных; корабли с мрачной тайной и бунтами; корабли открытий и корабли приключений.

В этом мире, естественно, возвышалась над всем фигура капитана. Он был судьбой, душой и разумом корабля. Его характер определял досуга и работу команды. Сама команда подбиралась им лично и во многом отвечала его наклонностям. Он знал привычки и семейные дела каждого человека. Он обладал в глазах подчиненных магическим знанием, благодаря которому уверенно шел, скажем, из Лиссабона в Шанхай, по необозримым пространствам. Он отражал бурю противодействием системы сложных усилий, убивая панику короткими приказаниями; плавал и останавливался, где хотел; распоряжался отплытием и нагрузкой, ремонтом и отдыхом; большую и разумнейшую власть в живом деле, полном непрерывного движения, трудно было представить. Эта власть замкнутостью и полнотой равнялась власти Орфея.

Такое представление о капитане, такой образ и такая истинная действительность его положения заняли, по праву душевных событий, главное место в блистающем сознании Грэя. Никакая профессия, кроме этой, не могла бы так удачно сплавить в одно целое все сокровища жизни, сохранив неприкосновенным тончайший узор каждого отдельного счастья. Опасность, риск, власть природы, свет далекой страны, чудесная неизвестность, мелькающая любовь, цветущая свиданием и разлукой; увлекательное кипение встреч, лиц, событий; безмерное разнообразие жизни, между тем как высоко в небе то Южный Крест, то Медведица, и все материки – в зорких глазах, хотя твоя каюта полна непокидающей родины с ее книгами, картинами, письмами и сухими цветами, обвитыми шелковистым локоном в замшевой ладанке на твердой груди. Осенью, на пятнадцатом году жизни, Артур Грэй тайно покинул дом и проник за золотые ворота моря. Вскорости из порта Дубельт вышла в Марсель шхуна «Ансельм», увозя юнгу с маленькими руками и внешностью переодетой девочки. Этот юнга был Грэй, обладатель изящного саквояжа, тонких, как перчатка, лакированных сапожков и батистового белья с вытканными коронами.

В течение года, пока «Ансельм» посещал Францию, Америку и Испанию, Грэй промотал часть своего имущества на пирожном, отдавая этим дань прошлому, а остальную часть – для настоящего и будущего – проиграл в карты. Он хотел быть «дьявольским» моряком. Он, задыхаясь, пил водку, а на купаньи, с замирающим сердцем, прыгал в воду головой вниз с двухсаженной высоты. Понемногу он потерял все, кроме главного – своей странной летящей души; он потерял слабость, став широк костью и крепок мускулами, бледность заменил темным загаром, изысканную беспечность движений отдал за уверенную меткость работающей руки, а в его думающих глазах отразился блеск, как у человека, смотрящего на огонь. И его речь, утратив неравномерную, надменно застенчивую текучесть, стала краткой и точной, как удар чайки в струю за трепетным серебром рыб.

Капитан «Ансельма» был добрый человек, но суровый моряк, взявший мальчика из некоего злорадства. В отчаянном желании Грэя он видел лишь эксцентрическую прихоть и заранее торжествовал, представляя, как месяца через два Грэй скажет ему, избегая смотреть в глаза: – «Капитан Гоп, я ободрал локти, ползая по снастям; у меня болят бока и спина, пальцы не разгибаются, голова трещит, а ноги трясутся. Все эти мокрые канаты в два пуда на весу рук; все эти леера, ванты, брашпили, тросы, стеньги и саллинги созданы на мучение моему нежному телу. Я хочу к маме». Выслушав мысленно такое заявление, капитан Гоп держал, мысленно же, следующую речь: – «Отправляйтесь куда хотите, мой птенчик. Если к вашим чувствительным крылышкам пристала смола, вы можете отмыть ее дома одеколоном „Роза-Мимоза". Этот выдуманный Гопом одеколон более всего радовал капитана и, закончив воображенную отповедь, он вслух повторял: – Да. Ступайте к „Розе-Мимозе".

Между тем внушительный диалог приходил на ум капитану все реже и реже, так как Грэй шел к цели с стиснутыми зубами и побледневшим лицом. Он выносил беспокойный труд с решительным напряжением воли, чувствуя, что ему становится все легче и легче по мере того, как суровый корабль вламывался в его организм, а неумение заменялось привычкой. Случалось, что петлей якорной цепи его сшибало с ног, ударяя о палубу, что непридержанный у кнека канат вырывался из рук, сдирая с ладоней кожу, что ветер бил его по лицу мокрым углом паруса с вшитым в него железным кольцом, и, короче сказать, вся работа являлась пыткой, требующей пристального внимания, но, как ни тяжело он дышал, с трудом разгибая спину, улыбка презрения не оставляла его лица. Он молча сносил насмешки, издевательства и неизбежную брань, до тех пор пока не стал в новой сфере «своим», но с этого времени неизменно отвечал боксом на всякое оскорбление.

Однажды капитан Гоп, увидев, как он мастерски вяжет на рею парус, сказал себе: «Победа на твоей стороне, плут». Когда Грэй спустился на палубу, Гоп вызвал его в каюту и, раскрыв истрепанную книгу, сказал: – Слушай внимательно! Брось курить! Начинается отделка щенка под капитана.

И он стал читать – вернее, говорить и кричать – по книге древние слова моря. Это был первый урок Грэя. В течение года он познакомился с навигацией, практикой, кораблестроением, морским правом, лоцией и бухгалтерией. Капитан Гоп подавал ему руку и говорил: «Мы».

В Ванкувере Грэя поймало письмо матери, полное слез и страха. Он ответил: «Я знаю. Но если бы ты видела, как я; посмотри моими глазами. Если бы ты слышала, как я: приложи к уху раковину: в ней шум вечной волны; если бы ты любила, как я – вс„, в твоем письме я нашел бы, кроме любви и чека, – улыбку…» И он продолжал плавать, пока «Ансельм» не прибыл с грузом в Дубельт, откуда, пользуясь остановкой, двадцатилетний Грэй отправился навестить замок. Все было то же кругом; так же нерушимо в подробностях и в общем впечатлении, как пять лет назад, лишь гуще стала листва молодых вязов; ее узор на фасаде здания сдвинулся и разросся.

Слуги, сбежавшиеся к нему, обрадовались, встрепенулись и замерли в той же почтительности, с какой, как бы не далее как вчера, встречали этого Грэя. Ему сказали, где мать; он прошел в высокое помещение и, тихо прикрыв дверь, неслышно остановился, смотря на поседевшую женщину в черном платье. Она стояла перед распятием: ее страстный шепот был звучен, как полное биение сердца. – «О плавающих, путешествующих, болеющих, страдающих и плененных», – слышал, коротко дыша, Грэй. Затем было сказано: – «и мальчику моему…» Тогда он сказал: – «Я …» Но больше не мог ничего выговорить. Мать обернулась. Она похудела: в надменности ее тонкого лица светилось новое выражение, подобное возвращенной юности. Она стремительно подошла к сыну;

короткий грудной смех, сдержанное восклицание и слезы в глазах – вот все. Но в эту минуту она жила сильнее и лучше, чем за всю жизнь. – «Я сразу узнала тебя, о, мой милый, мой маленький!» И Грэй действительно перестал быть большим. Он выслушал о смерти отца, затем рассказал о себе. Она внимала без упреков и возражений, но про себя – во всем, что он утверждал, как истину своей жизни, – видела лишь игрушки, которыми забавляется ее мальчик. Такими игрушками были материки, океаны и корабли.

Грэй пробыл в замке семь дней; на восьмой день, взяв крупную сумму денег, он вернулся в Дубельт и сказал капитану Гопу: «Благодарю. Вы были добрым товарищем. Прощай же, старший товарищ, – здесь он закрепил истинное значение этого слова жутким, как тиски, рукопожатием, – теперь я буду плавать отдельно, на собственном корабле». Гоп вспыхнул, плюнул, вырвал руку и пошел прочь, но Грэй, догнав, обнял его. И они уселись в гостинице, все вместе, двадцать четыре человека с командой, и пили, и кричали, и пели, и выпили и съели все, что было на буфете и в кухне.

Прошло еще мало времени, и в порте Дубельт вечерняя звезда сверкнула над черной линией новой мачты. То был «Секрет», купленный Грэем; трехмачтовый галиот в двести шестьдесят тонн. Так, капитаном и собственником корабля Артур Грэй плавал еще четыре года, пока судьба не привела его в Лисе. Но он уже навсегда запомнил тот короткий грудной смех, полный сердечной музыки, каким встретили его дома, и раза два в год посещал замок, оставляя женщине с серебряными волосами нетвердую уверенность в том, что такой большой мальчик, пожалуй, справится с своими игрушками.

III

Рассвет

Струя пены, отбрасываемая кормой корабля Грэя «Секрет», прошла через океан белой чертой и погасла в блеске вечерних огней Лисса. Корабль встал на рейде недалеко от маяка.

Десять дней «Секрет» выгружал чесучу, кофе и чай, одиннадцатый день команда провела на берегу, в отдыхе и винных парах; на двенадцатый день Грэй глухо затосковал, без всякой причины, не понимая тоски.

Еще утром, едва проснувшись, он уже почувствовал, что этот день начался в черных лучах. Он мрачно оделся, неохотно позавтракал, забыл прочитать газету и долго курил, погруженный в невыразимый мир бесцельного напряжения; среди смутно возникающих слов бродили непризнанные желания, взаимно уничтожая себя равным усилием. Тогда он занялся делом.

В сопровождении боцмана Грэй осмотрел корабль, велел подтянуть ванты, ослабить штуртрос, почистить клюзы, переменить кливер, просмолить палубу, вычистить компас, открыть, проветрить и вымести трюм. Но дело не развлекало Грэя. Полный тревожного внимания к тоскливости дня, он прожил его раздражительно и печально: его как бы позвал кто-то, но он забыл, кто и куда.

Под вечер он уселся в каюте, взял книгу и долго возражал автору, делая на полях заметки парадоксального свойства. Некоторое время его забавляла эта игра, эта беседа с властвующим из гроба мертвым. Затем, взяв трубку, он утонул в синем дыме, живя среди призрачных арабесок, возникающих в его зыбких слоях. Табак страшно могуч; как масло, вылитое в скачущий разрыв волн, смиряет их бешенство, так и табак: смягчая раздражение чувств, он сводит их несколькими тонами ниже; они звучат плавнее и музыкальнее. Поэтому тоска Грэя, утратив наконец после трех трубок наступательное значение, перешла в задумчивую рассеянность. Такое состояние длилось еще около часа; когда исчез душевный туман, Грэй очнулся, захотел движения и вышел на палубу. Была полная ночь; за бортом в сне черной воды дремали звезды и огни мачтовых фонарей. Теплый, как щека, воздух пахнул морем. Грэй, поднял голову, прищурился на золотой уголь звезды; мгновенно через умопомрачительность миль проникла в его зрачки огненная игла далекой планеты. Глухой шум вечернего города достигал слуха из глубины залива; иногда с ветром по чуткой воде влетала береговая фраза, сказанная как бы на палубе; ясно прозвучав, она гасла в скрипе снастей; на баке вспыхнула спичка, осветив пальцы, круглые глаза и усы. Грэй свистнул; огонь трубки двинулся и поплыл к нему; скоро капитан увидел во тьме руки и лицо вахтенного.

– Передай Летике, – сказал Грэй, – что он поедет со мной. Пусть возьмет удочки.

Он спустился в шлюп, где ждал минут десять. Летика, проворный, жуликоватый парень, загремев о борт веслами, подал их Грэю; затем спустился сам, наладил уключины и сунул мешок с провизией в корму шлюпа. Грэй сел к рулю.

– Куда прикажете плыть, капитан? – спросил Летика, кружа лодку правым веслом.

Капитан молчал. Матрос знал, что в это молчание нельзя вставлять слова, и поэтому, замолчав сам, стал сильно грести.

Грэй взял направление к открытому морю, затем стал держаться левого берега. Ему было все равно, куда плыть. Руль глухо журчал; звякали и плескали весла, все остальное было морем и тишиной.

В течение дня человек внимает такому множеству мыслей, впечатлений, речей и слов, что все это составило бы не одну толстую книгу. Лицо дня приобретает определенное выражение, но Грэй сегодня тщетно вглядывался в это лицо. В его смутных чертах светилось одно из тех чувств, каких много, но которым не дано имени. Как их ни называть, они останутся навсегда вне слов и даже понятий, подобные внушению аромата. Во власти такого чувства был теперь Грэй; он мог бы, правда, сказать: – «Я жду, я вижу, я скоро узнаю …», – но даже эти слова равнялись не большему, чем отдельные чертежи в отношении архитектурного замысла. В этих веяниях была еще сила светлого возбуждения.

Там, где они плыли, слева волнистым сгущением тьмы

проступал берег. Над красным стеклом окон носились искры дымовых труб; это была Каперна. Грэй слышал перебранку и лай. Огни деревни напоминали печную дверцу, прогоревшую дырочками, сквозь которые виден пылающий уголь. Направо был океан, явственный, как присутствие спящего человека. Миновав Каперну, Грэй повернул к берегу. Здесь тихо прибивало водой; засветив фонарь, он увидел ямы обрыва и его верхние, нависшие выступы; это место ему понравилось.

— Здесь будем ловить рыбу, — сказал Грэй, хлопая гребца по плечу.

Матрос неопределенно хмыкнул.

— Первый раз плаваю с таким капитаном, — пробормотал он. — Капитан дельный, но непохожий. Загвоздистый капитан. Впрочем, люблю его.

Забив весло в ил, он привязал к нему лодку, и оба поднялись вверх, карабкаясь по выскакивающим из-под колен и локтей камням. От обрыва тянулась чаща. Раздался стук топора, ссекающего сухой ствол; повалив дерево, Летика развел костер на обрыве. Двинулись тени и отраженное водой пламя; в отступившем мраке высветились трава и ветви; над костром, перевитый дымом, сверкая, дрожал воздух.

Грэй сел у костра.

— Ну-ка, — сказал он, протягивая бутылку, — выпей, друг Летика, за здоровье всех трезвенников. Кстати, ты взял не хинную, а имбирную.

— Простите, капитан, — ответил матрос, переводя дух. — Разрешите закусить этим... — Он отгрыз сразу половину цыпленка и, вынув изо рта крылышко, продолжал: — Я знаю, что вы любите хинную. Только было темно, а я торопился. Имбирь, понимаете, ожесточает человека. Когда мне нужно подраться, я пью имбирную. Пока капитан ел и пил, матрос искоса посматривал на него, затем, не удержавшись, сказал: — Правда ли, капитан, что говорят, будто бы родом вы из знатного семейства?

— Это не интересно, Летика. Бери удочку и лови, если хочешь.

— А вы?

— Я? Не знаю. Может быть. Но... потом. Летика размотал удочку, приговаривая стихами, на что был мастер, к великому восхищению команды: — Из шнурка и деревяшки я изладил длинный хлыст и, крючок к нему приделав, испустил протяжный свист. — Затем он пощекотал пальцем в коробке червей. — Этот червь в земле скитался и своей был жизни рад, а теперь на крюк попался

— и его сомы съедят.

Наконец, он ушел с пением: — Ночь тиха, прекрасна водка, трепещите, осетры, хлопнись в обморок, селедка, — удит Летика с горы!

Грэй лег у костра, смотря на отражавшую огонь воду. Он думал, но без участия воли; в этом состоянии мысль, рассеянно удерживая окружающее, смутно видит его; она мчится, подобно коню в тесной толпе, давя, расталкивая и останавливая; пустота, смятение и задержка попеременно сопутствуют ей. Она бродит в душе вещей; от яркого волнения спешит к тайным намекам; кружится по земле и небу, жизненно беседует с воображенными лицами, гасит и украшает воспоминания. В облачном движении этом все живо и выпукло и все бессвязно, как бред. И часто улыбается отдыхающее сознание, видя, например, как в размышление о судьбе вдруг жалует гостем образ совершенно неподходящий: какой-нибудь прутик, сломанный два года назад. Так думал у костра Грэй, но был «где-то» — не здесь.

Локоть, которым он опирался, поддерживая рукой голову, просырел и затек. Бледно светились звезды, мрак усилился напряжением, предшествующим рассвету. Капитан стал засыпать, но не замечал этого. Ему захотелось выпить, и он потянулся к мешку, развязывая его уже во сне. Затем ему перестало сниться; следующие два часа были для Грэя не долее тех секунд, в течение которых он склонился головой на руки. За это время Летика появлялся у костра дважды, курил и засматривал из любопытства в рот пойманным рыбам — что там? Но там, само собой, ничего не было.

Проснувшись, Грэй на мгновение забыл, как попал в эти места. С изумлением видел он счастливый блеск утра, обрыв берега среди этих ветвей и пылающую синюю даль; над горизонтом, но в то же время и над его ногами висели листья орешника. Внизу обрыва — с впечатлением, что под самой спиной Грэя — шипел тихий прибой. Мелькнув с листа, капля росы растеклась по сонному лицу холодным шлепком. Он встал. Везде торжествовал свет. Остывшие головни костра цеплялись за жизнь тонкой стру„й дыма. Его запах придавал удовольствию дышать воздухом лесной зелени дикую прелесть.

Летики не было; он увлекся; он, вспотев, удил с увлечением азартного игрока. Грэй вышел из чащи в кустарник, разбросанный по скату холма. Дымилась и горела трава; влажные цветы выглядели как дети, насильно умытые холодной водой. Зеленый мир дышал бесчисленностью крошечных ртов, мешая проходить Грэю среди своей ликующей тесноты. Капитан выбрался на открытое место, заросшее пестрой травой, и увидел здесь спящую молодую девушку.

Он тихо отвел рукой ветку и остановился с чувством опасной находки. Не далее как в пяти шагах, свернувшись, подобрав одну ножку и вытянув другую, лежала головой на уютно подвернутых руках утомившаяся Ассоль. Ее волосы сдвинулись в беспорядке; у шеи расстегнулась пуговица, открыв белую ямку; раскинувшаяся юбка обнажала колени; ресницы спали на щеке, в тени нежного, выпуклого виска, полузакрытого темной прядью; мизинец правой руки, бывшей под головой, пригибался к затылку. Грэй присел на корточки, заглядывая девушке в лицо снизу и не подозревая, что напоминает собой фавна с картины Арнольда Беклина.

Быть может, при других обстоятельствах эта девушка была бы замечена им только глазами, но тут он иначе увидел ее. Все стронулось, все усмехнулось в нем. Разумеется, он не знал ни ее, ни ее имени, ни, тем более, почему она уснула на берегу, но был этим очень доволен. Он любил картины без объяснений и подписей. Впечатление такой картины несравненно сильнее; ее содержание, не связанное словами, становится безграничным, утверждая все догадки и мысли.

Тень листвы подобралась ближе к стволам, а Грэй все еще сидел в той же малоудобной позе. Все спало на девушке: спал;! темные волосы, спало платье и складки платья; даже трава поблизости ее тела, казалось, задремала в силу сочувствия. Когда впечатление стало полным, Грэй вошел в его теплую подмывающую волну и уплыл с ней. Давно уже Летика кричал: – «Капитан. где вы?» – но капитан не слышал его.

Когда он наконец встал, склонность к необычному застала его врасплох с решимостью и вдохновением раздраженной женщины. Задумчиво уступая ей, он снял с пальца старинное дорогое кольцо, не без основания размышляя, что, может быть, этим подсказывает жизни нечто существенное, подобное орфографии. Он бережно опустил кольцо на малый мизинец, белевший из-под затылка. Мизинец нетерпеливо двинулся и поник. Взглянув еще раз на это отдыхающее лицо, Грэй повернулся и увидел в кустах высоко поднятые брови матроса. Летика, разинув рот, смотрел на занятия Грэя с таким удивлением, с каким, верно, смотрел Иона на пасть своего меблированного кита.

— А, это ты, Летика! — сказал Грэй. — Посмотри-ка на нее. Что, хороша?

— Дивное художественное полотно! — шепотом закричал матрос, любивший книжные выражения. — В соображении обстоятельств есть нечто располагающее. Я поймал четыре мурены и еще какую-то толстую, как пузырь.

— Тише, Летика. Уберемся отсюда.

Они отошли в кусты. Им следовало бы теперь повернуть к лодке, но Грэй медлил, рассматривая даль низкого берега, где над зеленью и песком лился утренний дым труб Каперны. В этом дыме он снова увидел девушку.

Тогда он решительно повернул, спускаясь вдоль склона; матрос, не спрашивая, что случилось, шел сзади; он чувствовал, что вновь наступило обязательное молчание. Уже около первых строений Грэй вдруг сказал: — Не определишь ли ты, Летика, твоим опытным глазом, где здесь трактир? — Должно быть, вон та черная крыша, — сообразил Летика, — а, впрочем, может, и не она.

— Что же в этой крыше приметного?

— Сам не знаю, капитан. Ничего больше, как голос сердца.

Они подошли к дому; то был действительно трактир Меннерса. В раскрытом окне, на столе, виднелась бутылка; возле нее чья-то грязная рука доила полуседой ус.

Хотя час был ранний, в общей зале трактирчика расположилось три человека У окна сидел угольщик, обладатель пьяных усов, уже замеченных нами; между буфетом и внутренней дверью зала, за яичницей и пивом помещались два рыбака. Меннерс, длинный молодой парень, с веснушчатым скучным лицом и тем особенным выражением хитрой бойкости в подслеповатых глазах, какое присуще торгашам вообще, перетирал за стойкой посуду. На грязном полу лежал солнечный переплет окна.

Едва Грэй вступил в полосу дымного света, как Меннерс, почтительно кланяясь, вышел из-за своего прикрытия. Он сразу угадал в Грэе настоящего капитана — разряд гостей, редко им виденных. Грэй спросил рома. Накрыв стол пожелтевшей в суете людской скатертью, Меннерс принес бутылку, лизнув предварительно языком кончик отклеившейся этикетки. Затем он вернулся за стойку, поглядывая внимательно то на Грэя, то на тарелку, с которой отдирал ногтем что-то присохшее.

В то время, как Летика, взяв стакан обеими руками, скромно шептался с ним, посматривая в окно, Грэй подозвал Меннерса. Хин самодовольно уселся на кончик стула, польщенный этим обращением и польщенный именно потому, что оно выразилось простым киванием Грэева пальца.

— Вы, разумеется, знаете здесь всех жителей, — спокойно заговорил Грэй. — Меня интересует имя молодой девушки в косынке, в платье с розовыми цветочками, темнорусой и невысокой, в возрасте от семнадцати до двадцати лет. Я встретил ее неподалеку отсюда. Как ее имя?

Он сказал это с твердой простотой силы, не позволяющей увильнуть от данного тона. Хин Меннерс внутренне завертелся и даже ухмыльнулся слегка, но внешне подчинился характеру обращения. Впрочем, прежде чем ответить, он помолчал — единственно из бесплодного желания догадаться, в чем дело.

— Гм! — сказал он, поднимая глаза в потолок. — Это, должно быть, «Корабельная Ассоль», больше быть некому. Она полоумная.

— В самом деле? — равнодушно сказал Грэй, отпивая крупный глоток. — Как же это случилось?

— Когда так, извольте послушать. — И Хин рассказал Грэю о том, как лет семь назад девочка говорила на берегу моря с собирателем песен. Разумеется, эта история с тех пор, как нищий утвердил ее бытие в том же трактире, приняла очертания грубой и плоской сплетни, но сущность оставалась нетронутой. — С тех пор так ее и зовут, — сказал Меннерс, — зовут ее «Ассоль Корабельная».

Грэй машинально взглянул на Летику, продолжавшего быть тихим и скромным, затем его глаза обратились к пыльной дороге, пролегающей у трактира, и он ощутил как бы удар — одновременный удар в сердце и голову. По дороге, лицом к нему, шла та самая Корабельная Ассоль, к которой Меннерс только что отнесся клинически. Удивительные черты ее лица, напоминающие тайну неизгладимо волнующих, хотя простых слов, предстали перед ним теперь в свете ее взгляда. Матрос и Меннерс сидели к окну спиной, но, чтобы они случайно не повернулись — Грэй имел мужество отвести взгляд на рыжие глаза Хина. Поле того, как он увидел глаза Ассоль, рассеялась вся косность Меннерсова рассказа. Между тем, ничего не подозревая, Хин продолжал: — Еще могу сообщить вам, что ее отец сущий мерзавец. Он утопил моего папашу, как кошку какую-нибудь, прости господи. Он...

Его перебил неожиданный дикий рев сзади. Страшно ворочая глазами, угольщик, стряхнув хмельное оцепенение, вдруг рявкнул пением и так свирепо, что все вздрогнули.

Корзинщик, корзинщик, Дери с нас за корзины!..

— Опять ты нагрузился, вельбот проклятый! — закричал Меннерс. — Уходи вон!

... Но только бойся попадать В наши Палестины!..

— взвыл угольщик и, как будто ничего не было, потопил усы в плеснувшем стакане.

Хин Меннерс возмущенно пожал плечами.

— Дрянь, а не человек, — сказал он с жутким достоинством скопидома. — Каждый раз такая история!

— Более вы ничего не можете рассказать? — спросил Грэй.

— Я-то? Я же вам говорю, что отец мерзавец. Через него я, ваша милость, осиротел и еще дитей должен был самостоятельно поддерживать бренное пропитание..

— Ты врешь, — неожиданно сказал угольщик. — Ты врешь так гнусно и ненатурально, что я протрезвел. — Хин не успел раскрыть рот, как угольщик обратился к Грэю: — Он врет. Его отец тоже врал; врала и мать. Такая порода. Можете быть покойны, что она так же здорова, как мы с вами. Я с ней разговаривал. Она сидела на моей повозке восемьдесят четыре раза, или немного меньше. Когда девушка идет пешком из города, а я продал свой уголь, я уж непременно посажу девушку. Пускай она сидит. Я говорю, что у нее хорошая голова. Это сейчас видно. С тобой, Хин Меннерс, она, понятно, не скажет двух слов. Но я, сударь, в свободном угольном деле презираю суды и толки. Она говорит, как большая, но причудливый ее разговор. Прислушиваешься

– как будто все то же самое, что мы с вами сказали бы, а у нее то же, да не совсем так. Вот, к примеру, раз завелось дело о ее ремесле. – «Я тебе что скажу, – говорит она и держится за мое плечо, как муха за колокольню, – моя работа не скучная, только все хочется придумать особенное. Я, – говорит, – так хочу изловчиться, чтобы у меня на доске сама плавала лодка, а гребцы гребли бы по-настоящему; потом они пристают к берегу, отдают причал и честь-честью, точно живые, сядут на берегу закусывать». Я, это, захохотал, мне, стало быть, смешно стало. Я говорю: – «Ну, Ассоль, это ведь такое твое дело, и мысли поэтому у тебя такие, а вокруг посмотри: все в работе, как в драке». – «Нет, – говорит она, – я знаю, что знаю. Когда рыбак ловит рыбу, он думает, что поймает большую рыбу, какой никто не ловил». – «Ну, а я?» – «А ты? – смеется она, – ты, верно, когда наваливаешь углем корзину, то думаешь, что она зацветет». Вот какое слово она сказала! В ту же минуту дернуло меня, сознаюсь, посмотреть на пустую корзину, и так мне вошло в глаза, будто из прутьев поползли почки; лопнули эти почки, брызнуло по корзине листом и пропало. Я малость протрезвел даже! А Хин Меннерс врет и денег не берет; я его знаю!

Считая, что разговор перешел в явное оскорбление, Меннерс пронзил угольщика взглядом и скрылся за стойку, откуда горько осведомился: – Прикажете подать что-нибудь?

– Нет, – сказал Грэй, доставая деньги, – мы встаем и уходим. Летика, ты останешься здесь, вернешься к вечеру и будешь молчать. Узнав все, что сможешь, передай мне. Ты понял?

– Добрейший капитан, – сказал Летика с некоторой фамильярностью, вызванной ромом, – не понять этого может только глухой.

– Прекрасно. Запомни также, что ни в одном из тех случаев, какие могут тебе представиться, нельзя ни говорить обо мне, ни упоминать даже мое имя. Прощай!

Грэй вышел. С этого времени его не покидало уже чувство

поразительных открытий, подобно искре в пороховой ступке Бертольда, – одного из тех душевных обвалов, из-под которых вырывается, сверкая, огонь. Дух немедленного действия овладел им. Он опомнился и собрался с мыслями, только когда сел в лодку. Смеясь, он подставил руку ладонью вверх – знойному солнцу, – как сделал это однажды мальчиком в винном погребе; затем отплыл и стал быстро грести по направлению к гавани.

IV

Накануне

Накануне того дня и через семь лет после того, как Эгль, собиратель песен, рассказал девочке на берегу моря сказку о корабле с Алыми Парусами, Ассоль в одно из своих еженедельных посещений игрушечной лавки вернулась домой расстроенная, с печальным лицом. Свои товары она принесла обратно. Она была так огорчена, что сразу не могла говорить и только лишь после того, как по встревоженному лицу Лонгрена увидела, что он ожидает чего-то значительно худшего действительности, начала рассказывать, водя пальцем по стеклу окна, у которого стала, рассеянно наблюдая море.

Хозяин игрушечной лавки начал в этот раз с того, что открыл счетную книгу и показал ей, сколько за ними долга. Она содрогнулась, увидев внушительное трехзначное число. – «Вот сколько вы забрали с декабря, – сказал торговец, – а вот посмотри, на сколько продано». И он уперся пальцем в другую цифру, уже из двух знаков.

– Жалостно и обидно смотреть. Я видела по его лицу, что он груб и сердит. Я с радостью убежала бы, но, честное слово, сил не было от стыда. И он стал говорить: – «Мне, милая, это больше не выгодно. Теперь в моде заграничный товар, все лавки полны им, а эти изделия не берут». Так он сказал. Он говорил еще много чего, но я все перепутала и забыла. Должно быть, он сжалился надо мной, так как посоветовал сходить в «Детский Базар» и «Аладинову Лампу».

Выговорив самое главное, девушка повернула голову, робко посмотрев на старика. Лонгрен сидел понурясь, сцепив пальцы рук между колен, на которые оперся локтями. Чувствуя взгляд, он поднял голову и вздохнул. Поборов тяжелое настроение, девушка подбежала к нему, устроилась сидеть рядом и, продев свою легкую руку под кожаный рукав его куртки, смеясь и заглядывая отцу снизу в лицо, продолжала с деланным оживлением: – Ничего, это все ничего, ты слушай, пожалуйста. Вот я пошла. Ну-с, прихожу в большой страшеннейший магазин; там куча народа. Меня затолкали; однако я выбралась и подошла к черному человеку в очках. Что я ему сказала, я ничего не помню; под конец он усмехнулся, порылся в моей корзине, посмотрел кое-что, потом снова завернул, как было, в платок и отдал обратно.

Лонгрен сердито слушал. Он как бы видел свою оторопевшую дочку в богатой толпе у прилавка, зава ленного ценным товаром. Аккуратный человек в очках снисходительно объяснил ей, что он должен разориться, ежели начнет торговать нехитрыми изделиями Лонгрена. Небрежно и ловко ставил он перед ней на прилавок складные модели зданий и железнодорожных мостов; миниатюрные отчетливые автомобили, электрические наборы, аэропланы и двигатели. Все это пахло краской и школой. По всем его словам выходило, что дети в играх только подражают теперь тому, что делают взрослые.

Ассоль была еще в «Аладиновой Лампе» и в двух других лавках, но ничего не добилась.

Оканчивая рассказ, она собрала ужинать; поев и выпив стакан крепкого кофе, Лонгрен сказал: – Раз нам не везет, надо искать. Я, может быть, снова поступлю служить – на «Фицроя» или «Палермо». Конечно, они правы, – задумчиво продолжал он, думая об игрушках. – Теперь дети не играют, а учатся. Они все учатся, учатся и никогда не начнут жить. Все это так, а жаль, право, жаль. Сумеешь ли ты прожить без меня время одного рейса? Немыслимо оставить тебя одну.

– Я также могла бы служить вместе с тобой; скажем, в буфете.

– Нет! – Лонгрен припечатал это слово ударом ладони по вздрогнувшему столу. – Пока я жив, ты служить не будешь. Впрочем, есть время подумать.

Он хмуро умолк. Ассоль примостилась рядом с ним на углу табурета; он видел сбоку, не поворачивая головы, что она хлопочет утешить его, и чуть было не улыбнулся. Но улыбнуться – значило спугнуть и смутить девушку. Она, приговаривая что-то про себя, разгладила его спутанные седые волосы, поцеловала в усы и, заткнув мохнатые отцовские уши своими маленькими тоненькими пальцами, сказала: – «Ну вот, теперь ты не слышишь, что я тебя люблю». Пока она охорашивала его, Лонгрен сидел, крепко сморщившись, как человек, боящийся дохнуть дымом, но, услышав ее слова, густо захохотал.

– Ты милая, – просто сказал он и, потрепав девушку по щеке, пошел на берег посмотреть лодку.

Ассоль некоторое время стояла в раздумье посреди комнаты, колеблясь между желанием отдаться тихой печали и необходимостью домашних забот; затем, вымыв посуду, пересмотрела в шкалу остатки провизии. Она не взвешивала и не мерила, но видела, что с мукой не дотянуть до конца недели, что в жестянке с сахаром виднеется дно, обертки с чаем и кофе почти пусты, нет масла, и единственное, на чем, с некоторой досадой на исключение, отдыхал глаз, – был мешок картофеля. Затем она вымыла пол и села строчить оборку к переделанной из старья юбке, но тут же вспомнив, что обрезки материи лежат за зеркалом, подошла к нему и взяла сверток; потом взглянула на свое отражение.

За ореховой рамой в светлой пустоте отраженной комнаты стояла тоненькая невысокая девушка, одетая в дешевый белый муслин с розовыми цветочками. На ее плечах лежала серая шелковая косынка. Полудетское, в светлом загаре, лицо было подвижно и выразительно; прекрасные, несколько серьезные для ее возраста глаза посматривали с робкой сосредоточенностью глубоких душ. Ее неправильное личико могло растрогать тонкой чистотой очертаний; каждый изгиб, каждая выпуклость этого лица, конечно, нашли бы место в множестве женских обликов, но их совокупность, стиль – был совершенно оригинален, – оригинально мил; на этом мы остановимся. Остальное неподвластно словам, кроме слова «очарование».

Отраженная девушка улыбнулась так же безотчетно, как и Ассоль. Улыбка вышла грустной; заметив это, она встревожилась, как если бы смотрела на постороннюю. Она прижалась щекой к стеклу, закрыла глаза и тихо погладила зеркало рукой там, где приходилось ее отражение. Рой смутных, ласковых мыслей мелькнул в ней; она выпрямилась, засмеялась и села, начав шить.

Пока она шьет, посмотрим на нее ближе – вовнутрь. В ней две девушки, две Ассоль, перемешанных в замечательной прекрасной неправильности. Одна была дочь матроса, ремесленника, мастерившая игрушки, другая – живое стихотворение, со всеми чудесами его созвучий и образов, с тайной соседства слов, во всей взаимности их теней и света, падающих от одного на другое. Она знала жизнь в пределах, поставленных ее опыту, но сверх общих явлений видела отраженный смысл иного порядка. Так, всматриваясь в предметы, мы замечаем в них нечто не линейно, но впечатлением – определенно человеческое, и – так же, как человеческое – различное. Нечто подобное тому, что (если удалось) сказали мы этим примером, видела она еще сверх видимого. Без этих тихих завоеваний все просто понятное было чуждо ее душе. Она умела и любила читать, но и в книге читала преимущественно между строк, как жила. Бессознательно, путем своеобразного вдохновения она делала на каждом шагу множество эфирнотонких открытий, невыразимых, но важных, как чистота и тепло. Иногда – и это продолжалось ряд дней – она даже перерождалась; физическое противостояние жизни проваливалось, как тишина в ударе смычка, и все, что она видела, чем жила, что было вокруг, становилось кружевом тайн в образе повседневности. Не раз, волнуясь и робея, она уходила ночью на морской берег, где, выждав рассвет, совершенно серьезно высматривала корабль с Алыми Парусами. Эти минуты были для нее счастьем; нам трудно так уйти в сказку, ей было бы не менее трудно выйти из ее власти и обаяния.

В другое время, размышляя обо всем этом, она искренне дивилась себе, не веря, что верила, улыбкой прощая море и грустно переходя к действительности; теперь, сдвигая оборку, девушка припоминала свою жизнь. Там было много скуки и простоты. Одиночество вдвоем, случалось, безмерно тяготило ее, но в ней образовалась уже та складка внутренней робости, та страдальческая морщинка, с которой не внести и не получить оживления. Над ней посмеивались, говоря: – «Она тронутая, не в себе»; она привыкла и к этой боли; девушке случалось даже переносить оскорбления, после чего ее грудь ныла, как от удара. Как женщина, она была непопулярна в Каперне, однако многие подозревали, хотя дико и смутно, что ей дано больше прочих – лишь на другом языке. Капернцы обожали плотных, тяжелых женщин с масляной кожей толстых икр и могучих рук; здесь ухаживали, ляпая по спине ладонью и толкаясь, как на базаре. Тип этого чувства напоминал бесхитростную простоту рева. Ассоль так же подходила к этой решительной среде, как подошло бы людям изысканной нервной жизни общество привидения, обладай оно всем обаянием Ассунты или Аспазии: то, что от любви, – здесь немыслимо. Так, в ровном гудении солдатской трубы прелестная печаль скрипки бессильна вывести суровый полк из действий его прямых линий. К тому, что сказано в этих строках, девушка стояла спиной.

Меж тем, как ее голова мурлыкала песенку жизни, маленькие руки работали прилежно и ловко; откусывая нитку, она смотрела далеко перед собой, но это не мешало ей ровно подвертывать рубец и класть петельный шов с отчетливостью швейной машины. Хотя Лонгрен не возвращался, она не беспокоилась об отце. Последнее время он довольно часто уплывал ночью ловить рыбу или просто проветриться.

Ее не теребил страх; она знала, что ничего худого с ним не случится. В этом отношении Ассоль была все еще той маленькой девочкой, которая молилась по-своему, дружелюбно лепеча утром: – «Здравствуй, бог!», а вечером: – «Прощай, бог!».

По ее мнению, такого короткого знакомства с богом было совершенно достаточно для того, чтобы он отстранил несчастье. Она входила и в его положение: бог был вечно занят делами миллионов людей, поэтому к обыденным теням жизни следовало, по ее мнению, относиться с деликатным терпением гостя, который, застав дом полным народа, ждет захлопотавшегося хозяина, ютясь и питаясь по обстоятельствам.

Кончив шить, Ассоль сложила работу на угловой столик, разделась и улеглась. Огонь был потушен. Она скоро заметила, что нет сонливости; сознание было ясно, как в разгаре дня, даже тьма казалась искусственной, тело, как и сознание, чувствовалось легким, дневным. Сердце отстукивало с быстротой карманных часов; оно билось как бы между подушкой и ухом. Ассоль сердилась, ворочаясь, то сбрасывая одеяло, то завертываясь в него с головой. Наконец, ей удалось вызвать привычное представление, помогающее уснуть: она мысленно бросала камни в светлую воду, смотря на расхождение легчайших кругов. Сон, действительно, как бы лишь ждал этой подачки; он пришел, пошептался с Мери, стоящей у изголовья, и, повинуясь ее улыбке, сказал вокруг: «Шшшш». Ассоль тотчас уснула. Ей снился любимый сон: цветущие деревья, тоска, очарование, песни и таинственные явления, из которых, проснувшись, она припоминала лишь сверканье синей воды, подступающей от ног к сердцу с холодом и восторгом. Увидев все это, она побыла еще несколько времени в невозможной стране, затем проснулась и села.

Сна не было, как если бы она не засыпала совсем. Чувство новизны, радости и желания что-то сделать согревало ее. Она осмотрелась тем взглядом, каким оглядывают новое помещение. Проник рассвет – не всей ясностью озарения, но тем смутным усилием, в котором можно понимать окружающее. Низ окна был черен; верх просветлел. Извне дома, почти на краю рамы, блестела утренняя звезда. Зная, что теперь не уснет, Ассоль оделась, подошла к окну и, сняв крюк, отвела раму, За окном стояла внимательная чуткая тишина; она как бы наступила только сейчас. В синих сумерках мерцали кусты, подальше спали деревья; веяло духотой и землей.

Держась за верх рамы, девушка смотрела и улыбалась. Вдруг нечто, подобное отдаленному зову, всколыхнуло ее изнутри и вовне, и она как бы проснулась еще раз от явной действительности к тому, что явнее и несомненнее. С этой минуты ликующее богатство сознания не оставляло ее. Так, понимая, слушаем мы речи людей, но, если повторить сказанное, поймем еще раз, с иным, новым значением. То же было и с ней.

Взяв старенькую, но на ее голове всегда юную шелковую

косынку, она прихватила ее рукою под подбородком, заперла дверь и выпорхнула босиком на дорогу. Хотя было пусто и глухо, но ей казалось, что она звучит как оркестр, что ее могут услышать. Все было мило ей, все радовало ее. Теплая пыль щекотала босые ноги; дышалось ясно и весело. На сумеречном просвете неба темнели крыши и облака; дремали изгороди, шиповник, огороды, сады и нежно видимая дорога. Во всем замечался иной порядок, чем днем, – тот же, но в ускользнувшем ранее соответствии. Все спало с открытыми глазами, тайно рассматривая проходящую девушку.

Она шла, чем далее, тем быстрей, торопясь покинуть селение. За Каперной простирались луга; за лугами по склонам береговых холмов росли орешник, тополя и каштаны. Там, где дорога кончилась, переходя в глухую тропу, у ног Ассоль мягко завертелась пушистая черная собака с белой грудью и говорящим напряжением глаз. Собака, узнав Ассоль, повизгивая и жеманно виляя туловищем, пошла рядом, молча соглашаясь с девушкой в чем-то понятном, как «я» и «ты». Ассоль, посматривая в ее сообщительные глаза, была твердо уверена, что собака могла бы заговорить, не будь у нее тайных причин молчать. Заметив улыбку спутницы, собака весело сморщилась, вильнула хвостом и ровно побежала вперед, но вдруг безучастно села, деловито выскребла лапой ухо, укушенное своим вечным врагом, и побежала обратно.

Ассоль проникла в высокую, брызгающую росой луговую траву; держа руку ладонью вниз над ее метелками, она шла, улыбаясь струящемуся прикосновению.

Засматривая в особенные лица цветов, в путаницу стеблей, она различала там почти человеческие намеки – позы, усилия, движения, черты и взгляды; ее не удивила бы теперь процессия полевых мышей, бал сусликов или грубое веселье ежа, пугающего спящего гнома своим фуканьем. И точно, еж, серея, выкатился перед ней на тропинку. – «Фук-фук», – отрывисто сказал он с сердцем, как извозчик на пешехода. Ассоль говорила с теми, кого понимала и видела. – «Здравствуй, больной, – сказала она лиловому ирису, пробитому до дыр червем. – Необходимо посидеть дома», – это относилось к кусту, застрявшему среди тропы и потому обдерганному платьем прохожих. Большой жук цеплялся за колокольчик, сгибая растение и сваливаясь, но упрямо толкаясь

44

лапками. – «Стряхни толстого пассажира», – посоветовала Ассоль. Жук, точно, не удержался и с треском полетел в сторону. Так, волнуясь, трепеща и блестя, она подошла к склону холма, скрывшись в его зарослях от лугового пространства, но окруженная теперь истинными своими друзьями, которые – она знала это – говорят басом.

То были крупные старые деревья среди жимолости и орешника. Их свисшие ветви касались верхних листьев кустов. В спокойно тяготеющей крупной листве каштанов стояли белые шишки цветов, их аромат мешался с запахом росы и смолы. Тропинка, усеянная выступами скользких корней, то падала, то взбиралась на склон. Ассоль чувствовала себя, как дома; здоровалась с деревьями, как с людьми, то есть пожимая их широкие листья. Она шла, шепча то мысленно, то словами: «Вот ты, вот другой ты; много же вас, братцы мои! Я иду, братцы, спешу, пустите меня. Я вас узнаю всех, всех помню и почитаю». «Братцы» величественно гладили ее чем могли – листьями – и родственно скрипели в ответ. Она выбралась, перепачкав ноги землей, к обрыву над морем и встала на краю обрыва, задыхаясь от поспешной ходьбы. Глубокая непобедимая вера, ликуя, пенилась и шумела в ней. Она разбрасывала ее взглядом за горизонт, откуда легким шумом береговой волны возвращалась она обратно, гордая чистотой полета. Тем временем море, обведенное по горизонту золотой нитью, еще спало; лишь под обрывом, в лужах береговых ям, вздымалась и опадала вода. Стальной у берега цвет спящего океана переходил в синий и черный. За золотой нитью небо, вспыхивая, сияло огромным веером света; белые облака тронулись слабым румянцем. Тонкие, божественные цвета светились в них. На черной дали легла уже трепетная снежная белизна; пена блестела, и багровый разрыв, вспыхнув средь золотой нити, бросил по океану, к ногам Ассоль, алую рябь.

Она села, подобрав ноги, с руками вокруг колен. Внимательно наклоняясь к морю, смотрела она на горизонт большими глазами, в которых не осталось уже ничего взрослого, – глазами ребенка. Все, чего она ждала так долго и горячо, делалось там – на краю света. Она видела в стране далеких пучин подводный холм; от поверхности его струились вверх вьющиеся растения; среди их

45

круглых листьев, пронизанных у края стеблем, сияли причудливые цветы. Верхние листья блестели на поверхности океана; тот, кто ничего не знал, как знала Ассоль, видел лишь трепет и блеск.

Из заросли поднялся корабль; он всплыл и остановился по самой середине зари. Из этой дали он был виден ясно, как облака. Разбрасывая веселье, он пылал, как вино, роза, кровь, уста, алый бархат и пунцовый огонь. Корабль ш„л прямо к Ассоль. Крылья пены трепетали под мощным напором его киля; уже встав, девушка прижала руки к груди, как чудная игра света перешла в зыбь; взошло солнце, и яркая полнота утра сдернула покровы с всего, что еще нежилось, потягиваясь на сонной земле.

Девушка вздохнула и осмотрелась. Музыка смолкла, но Ассоль была еще во власти ее звонкого хора. Это впечатление постепенно ослабевало, затем стало воспоминанием и, наконец, просто усталостью. Она легла на траву, зевнула и, блаженно закрыв глаза, уснула – по-настоящему, крепким, как молодой орех, сном, без заботы и сновидений.

Ее разбудила муха, бродившая по голой ступне. Беспокойно повертев ножкой, Ассоль проснулась; сидя, закалывала она растрепанные волосы, поэтому кольцо Грэя напомнило о себе, но считая его не более, как стебельком, застрявшим меж пальцев, она распрямила их; так как помеха не исчезла, она нетерпеливо поднесла руку к глазам и выпрямилась, мгновенно вскочив с силой брызнувшего фонтана.

На ее пальце блестело лучистое кольцо Грэя, как на чужом, – своим не могла признать она в этот момент, не чувствовала палец свой. – «Чья это шутка? Чья шутка? – стремительно вскричала она. – Разве я сплю? Может быть, нашла и забыла?». Схватив левой рукой правую, на которой было кольцо, с изумлением осматривалась она, пытая взглядом море и зеленые заросли; но никто не шевелился, никто не притаился в кустах, и в синем, далеко озаренном море не было никакого знака, и румянец покрыл Ассоль, а голоса сердца сказали вещее «да». Не было объяснений случившемуся, но без слов и мыслей находила она их в странном чувстве своем, и уже близким ей стало кольцо. Вся дрожа, сдернула она его с пальца; держа в пригоршне, как воду, рассмотрела его она – всею душою, всем сердцем, всем ликованием и ясным суеверием юности, затем, спрятав за лиф, Ассоль уткнула лицо в ладони, из-под которых неудержимо рвалась улыбка, и, опустив голову, медленно пошла обратной дорогой.

Так, – случайно, как говорят люди, умеющие читать и писать, – Грэй и Ассоль нашли друг друга утром летнего дня, полного неизбежности.

V

Боевые приготовления

Когда Грэй поднялся на палубу «Секрета», он несколько минут стоял неподвижно, поглаживая рукой голову сзади на лоб, что означало крайнее замешательство. Рассеянность – облачное движение чувств – отражалась в его лице бесчувственной улыбкой лунатика. Его помощник Пантен шел в это время по шканцам с тарелкой жареной рыбы; увидев Грэя, он заметил странное состояние капитана.

– Вы, быть может, ушиблись? – осторожно спросил он. – Где были? Что видели? Впрочем, это, конечно, ваше дело. Маклер предлагает выгодный фрахт; с премией. Да что с вами такое?..

– Благодарю, – сказал Грэй, вздохнув, – как развязанный. – Мне именно недоставало звуков вашего простого, умного голоса. Это как холодная вода. Пантен, сообщите людям, что сегодня мы поднимаем якорь и переходим в устье Лилианы, миль десять отсюда. Ее течение перебито сплошными мелями. Проникнуть в устье можно лишь с моря. Придите за картой. Лоцмана не брать. Пока все… Да, выгодный фрахт мне нужен как прошлогодний снег. Можете передать это маклеру. Я отправляюсь в город, где пробуду до вечера.

– Что же случилось?

– Решительно ничего, Пантен. Я хочу, чтобы вы приняли к сведению мое желание избегать всяких расспросов. Когда наступит момент, я сообщу вам, в чем дело. Матросам скажите, что предстоит ремонт; что местный док занят.

– Хорошо, – бессмысленно сказал Пантен в спину уходящего Грэя. – Будет исполнено.

Хотя распоряжения капитана были вполне толковы, помощник вытаращил глаза и беспокойно помчался с тарелкой к себе в каюту, бормоча: «Пантен, тебя озадачили. Не хочет ли он попробовать контрабанды? Не выступаем ли мы под черным флагом пирата?» Но здесь Пантен запутался в самых диких предположениях. Пока он нервически уничтожал рыбу, Грэй спустился в каюту, взял деньги и, переехав бухту, появился в торговых кварталах Лисса.

Теперь он действовал уже решительно и покойно, до мелочи зная все, что предстоит на чудном пути. Каждое движение – мысль, действие – грели его тонким наслаждением художественной работы. Его план сложился мгновенно и выпукло. Его понятия о жизни подверглись тому последнему набегу резца, после которого мрамор спокоен в своем прекрасном сиянии.

Грэй побывал в трех лавках, придавая особенное значение точности выбора, так как мысленно видел уже нужный цвет и оттенок. В двух первых лавках ему показали шелка базарных цветов, предназначенные удовлетворить незатейливое тщеславие; в третьей он нашел образцы сложных эффектов. Хозяин лавки радостно суетился, выкладывая залежавшиеся материи, но Грэй был серьезен, как анатом. Он терпеливо разбирал свертки, откладывал, сдвигал, развертывал и смотрел на свет такое множество алых полос, что прилавок, заваленный ими, казалось, вспыхнет. На носок сапога Грэя легла пурпурная волна; на его руках и лице блестел розовый отсвет. Роясь в легком сопротивлении шелка, он различал цвета: красный, бледный розовый и розовый темный, густые закипи вишневых, оранжевых и мрачно-рыжих тонов; здесь были оттенки всех сил и значений, различные – в своем мнимом родстве, подобно словам: «очаровательно» – «прекрасно» – «великолепно» – «совершенно»; в складках таились намеки, недоступные языку зрения, но истинный алый цвет долго не представлялся глазам нашего капитана; что приносил лавочник, было хорошо, но не вызывало ясного и твердого «да». Наконец, один цвет привлек обезоруженное внимание покупателя; он сел в кресло к окну, вытянул из шумного шелка длинный конец, бросил его на колени и, развалясь, с трубкой в зубах, стал созерцательно неподвижен.

Этот совершенно чистый, как алая утренняя струя, полный благородного веселья и царственности цвет являлся именно тем гордым цветом, какой разыскивал Грэй. В нем не было смешанных оттенков огня, лепестков мака, игры фиолетовых или лиловых намеков; не было также ни синевы, ни тени – ничего, что вызывает сомнение. Он рдел, как улыбка, прелестью духовного отражения. Грэй так задумался, что позабыл о хозяине, ожидавшем за его спиной с напряжением охотничьей собаки, сделавшей стойку. Устав ждать, торговец напомнил о себе треском оторванного куска материи.

– Довольно образцов, – сказал Грэй, вставая, – этот шелк я беру.

– Весь кусок? – почтительно сомневаясь, спросил торговец. Но Грэй молча смотрел ему в лоб, отчего хозяин лавки сделался немного развязнее. – В таком случае, сколько метров?

Грэй кивнул, приглашая повременить, и высчитал карандашом на бумаге требуемое количество.

– Две тысячи метров. – Он с сомнением осмотрел полки. – Да, не более двух тысяч метров.

– Две? – сказал хозяин, судорожно подскакивая, как пружинный. – Тысячи? Метров? Прошу вас сесть, капитан. Не желаете ли взглянуть, капитан, образцы новых материй? Как вам будет угодно. Вот спички, вот прекрасный табак; прошу вас. Две тысячи… две тысячи по. – Он сказал цену, имеющую такое же отношение к настоящей, как клятва к простому «да», но Грэй был доволен, так как не хотел ни в чем торговаться. – Удивительный, наилучший шелк, – продолжал лавочник, – товар вне сравнения, только у меня найдете такой.

Когда он наконец весь изошел восторгом, Грэй договорился с ним о доставке, взяв на свой счет издержки, уплатил по счету и ушел, провожаемый хозяином с почестями китайского короля. Тем временем через улицу от того места, где была лавка, бродячий музыкант, настроив виолончель, заставил ее тихим смычком говорить грустно и хорошо; его товарищ, флейтист, осыпал пение струи лепетом горлового свиста; простая песенка, которою они огласили дремлющий в жаре двор, достигла ушей Грэя, и тотчас он понял, что следует ему делать дальше. Вообще все эти дни он был на той счастливой высоте духовного зрения, с которой отчетливо замечались им все намеки и подсказы действительности; услыша заглушаемые ездой экипажей звуки, он вошел в центр важнейших впечатлений и мыслей, вызванных, сообразно его характеру, этой музыкой, уже чувствуя, почему и как выйдет хорошо то, что придумал. Миновав переулок, Грэй прошел в ворота дома, где состоялось музыкальное выступление. К тому времени музыканты собрались уходить; высокий флейтист с видом забитого достоинства благодарно махал шляпой тем окнам, откуда вылетали монеты. Виолончель уже вернулась под мышку своего хозяина; тот, вытирая вспотевший лоб, дожидался флейтиста.

— Ба, да это ты, Циммер! — сказал ему Грэй, признавая скрипача, который по вечерам веселил своей прекрасной игрой моряков, гостей трактира «Деньги на бочку». — Как же ты изменил скрипке?

— Досточтимый капитан, — самодовольно возразил Циммер, — я играю на всем, что звучит и трещит. В молодости я был музыкальным клоуном. Теперь меня тянет к искусству, и я с горем вижу, что погубил незаурядное дарование. Поэтому-то я из поздней жадности люблю сразу двух: виолу и скрипку. На виолончели играю днем, а на скрипке по вечерам, то есть как бы плачу, рыдаю о погибшем таланте. Не угостите ли винцом, а? Виолончель — это моя Кармен, а скрипка.

— Ассоль, — сказал Грэй. Циммер не расслышал.

— Да, — кивнул он, — соло на тарелках или медных трубочках — Другое дело. Впрочем, что мне?! Пусть кривляются паяцы искусства — я знаю, что в скрипке и виолончели всегда отдыхают феи.

— А что скрывается в моем «тур-лю-рлю»? — спросил подошедший флейтист, рослый детина с бараньими голубыми глазами и белокурой бородой. — Ну-ка, скажи?

— Смотря по тому, сколько ты выпил с утра. Иногда — птица, иногда — спиртные пары. Капитан, это мой компаньон Дусс; я говорил ему, как вы сорите золотом, когда пьете, и он заочно влюблен в вас.

— Да, — сказал Дусс, — я люблю жест и щедрость. Но я хитер, не верьте моей гнусной лести.

— Вот что, — сказал, смеясь, Грэй. — У меня мало времени, а дело не терпит. Я предлагаю вам хорошо заработать. Соберите оркестр, но не из щеголей с парадными лицами мертвецов, которые в музыкальном буквоедстве или

— что еще хуже — в звуковой гастрономии забыли о душе музыки и тихо мертвят эстрады своими замысловатыми шумами, — нет. Соберите своих, заставляющих плакать простые сердца кухарок и лакеев; соберите своих бродяг. Море и любовь не терпят педантов. Я с удовольствием посидел бы с вами, и даже не с одной бутылкой, но нужно идти. У меня много дела. Возьмите это и пропейте за букву А. Если вам нравится мое предложение, приезжайте повечеру на «Секрет», он стоит неподалеку от головной дамбы.

— Согласен! — вскричал Циммер, зная, что Грэй платит, как царь. — Дусс, кланяйся, скажи «да» и верти шляпой от радости! Капитан Грэй хочет жениться!

— Да, — просто сказал Грэй. — Все подробности я вам сообщу на «Секрете». Вы же...

— За букву А! — Дусс, толкнув локтем Циммера, подмигнул Грэю. — Но... как много букв в алфавите! Пожалуйте что-нибудь и на фиту...

Грэй дал еще денег. Музыканты ушли. Тогда он зашел в комиссионную контору и дал тайное поручение за крупную сумму — выполнить срочно, в течение шести дней. В то время, как Грэй вернулся на свой корабль, агент конторы уже садился на пароход. К вечеру привезли шелк; пять парусников, нанятых Грэем, поместились с матросами; еще не вернулся Летика и не прибыли музыканты; в ожидании их Грэй отправился потолковать с Пантеном.

Следует заметить, что Грэй в течение нескольких лет плавал с одним составом команды. Вначале капитан удивлял матросов капризами неожиданных рейсов, остановок — иногда месячных — в самых неторговых и безлюдных местах, но постепенно они прониклись «грэизмом» Грэя. Он часто плавал с одним балластом, отказываясь брать выгодный фрахт только потому, что не нравился ему предложенный груз. Никто не мог уговорить его везти мыло, гвозди, части машин и другое, что мрачно молчит в трюмах, вызывая безжизненные представления скучной необходимости. Но он охотно грузил фрукты, фарфор, животных, пряности, чай, табак, кофе, шелк, ценные породы деревьев: черное, сандал, пальму. Все это отвечало аристократизму его воображения, создавая живописную атмосферу; не удивительно, что команда «Секрета», воспитанная, таким образом, в духе своеобразности, посматривала несколько свысока на все иные суда, окутанные дымом плоской наживы. Все-таки этот раз Грэй встретил вопросы в физиономиях; самый тупой матрос отлично знал, что нет надобности производить ремонт в русле лесной реки.

Пантен, конечно, сообщил им приказание Грэя; когда тот вошел, помощник его докуривал шестую сигару, бродя по каюте, ошалев от дыма и натыкаясь на стулья. Наступал вечер; сквозь открытый иллюминатор торчала золотистая балка света, в которой вспыхнул лакированный козырек капитанской фуражки.

— Все готово, — мрачно сказал Пантен. — Если хотите, можно поднимать якорь.

— Вы должны бы, Пантен, знать меня несколько лучше, — мягко заметил Грэй.

— Нет тайны в том, что я делаю. Как только мы бросим якорь на дно Лилианы, я расскажу все, и вы не будете тратить так много спичек на плохие сигары. Ступайте, снимайтесь с якоря.

Пантен, неловко усмехаясь, почесал бровь.

— Это, конечно, так, — сказал он. — Впрочем, я ничего. Когда он вышел, Грэй посидел несколько времени, неподвижно смотря в полуоткрытую дверь, затем перешел к себе. Здесь он то сидел, то ложился; то, прислушиваясь к треску брашпиля, выкатывающего громкую цепь, собирался выйти на бак, но вновь задумывался и возвращался к столу, чертя по клеенке пальцем прямую быструю линию. Удар кулаком в дверь вывел его из маниакального состояния; он повернул ключ, впустив Летику. Матрос, тяжело дыша, остановился с видом гонца, вовремя предупредившего казнь.

— «Летика, Летика», — сказал я себе, — быстро заговорил он, — когда я с кабельного мола увидел, как танцуют вокруг брашпиля наши ребята, поплевывая в ладони. У меня глаз, как у орла. И я полетел; я так дышал на лодочника, что человек вспотел от волнения. Капитан, вы хотели оставить меня на берегу?

— Летика, — сказал Грэй, присматриваясь к его красным глазам, — я ожидал тебя не позже утра. Лил ли ты на затылок холодную воду?

– Лил. Не столько, сколько было принято внутрь, но лил. Все сделано.

– Говори. – Не стоит говорить, капитан; вот здесь все записано. Берите и читайте. Я очень старался. Я уйду.

– Куда?

– Я вижу по укоризне глаз ваших, что еще мало лил на затылок холодной воды.

Он повернулся и вышел с странными движениями слепого. Грэй развернул бумажку; карандаш, должно быть, дивился, когда выводил по ней эти чертежи, напоминающие расшатанный забор. Вот что писал Летика: «Сообразно инструкции. После пяти часов ходил по улице. Дом с серой крышей, по два окна сбоку; при нем огород. Означенная особа приходила два раза: за водой раз, за щепками для плиты два. По наступлении темноты проник взглядом в окно, но ничего не увидел по причине занавески».

Затем следовало несколько указаний семейного характера, добытых Летикой, видимо, путем застольного разговора, так как меморий заканчивался, несколько неожиданно, словами: «В счет расходов приложил малость своих».

Но существо этого донесения говорило лишь о том, что мы знаем из первой главы. Грэй положил бумажку в стол, свистнул вахтенного и послал за Пантеном, но вместо помощника явился боцман Атвуд, обдергивая засученные рукава.

– Мы ошвартовались у дамбы, – сказал он. – Пантен послал узнать, что вы хотите. Он занят: на него напали там какие-то люди с трубами, барабанами и другими скрипками. Вы звали их на «Секрет»? Пантен просит вас прийти, говорит, у него туман в голове.

– Да, Атвуд, – сказал Грэй, – я, точно, звал музыкантов; подите, скажите им, чтобы шли пока в кубрик. Далее будет видно, как их устроить. Атвуд, скажите им и команде, что я выйду на палубу через четверть часа. Пусть соберутся; вы и Пантен, разумеется, тоже послушаете меня.

Атвуд взвел, как курок, левую бровь, постоял боком у двери и вышел. Эти десять минут Грэй провел, закрыв руками лицо; он ни к чему не приготовлялся и ничего не рассчитывал, но хотел мысленно помолчать. Тем временем его ждали уже все, нетерпеливо и с любопытством, полным догадок. Он вышел и увидел по лицам ожидание невероятных вещей, но так как сам находил совершающееся вполне естественным, то напряжение чужих душ отразилось в нем легкой досадой.

— Ничего особенного, — сказал Грэй, присаживаясь на трап мостика. — Мы простоим в устье реки до тех пор, пока не сменим весь такелаж. Вы видели, что привезен красный шелк; из него под руководством парусного мастера Блента смастерят «Секрету» новые паруса. Затем мы отправимся, но куда — не скажу; во всяком случае, недалеко отсюда. Я еду к жене. Она еще не жена мне, но будет ею. Мне нужны алые паруса, чтобы еще издали, как условлено с нею, она заметила нас. Вот и все. Как видите, здесь нет ничего таинственного. И довольно об этом.

— Да, — сказал Атвуд, видя по улыбающимся лицам матросов, что они приятно озадачены и не решаются говорить. — Так вот в чем дело, капитан… Не нам, конечно, судить об этом. Как желаете, так и будет. Я поздравляю вас.

— Благодарю! — Грэй сильно сжал руку боцмана, но тот, сделав невероятное усилие, ответил таким пожатием, что капитан уступил. После этого подошли все, сменяя друг друга застенчивой теплотой взгляда и бормоча поздравления. Никто не крикнул, не зашумел — нечто не совсем простое чувствовали матросы в отрывистых словах капитана. Пантен облегченно вздохнул и повеселел — его душевная тяжесть растаяла. Один корабельный плотник остался чем-то недоволен: вяло подержав руку Грэя, он мрачно спросил: — Как это вам пришло в голову, капитан?

— Как удар твоего топора, — сказал Грэй. — Циммер! Покажи своих ребятишек.

Скрипач, хлопая по спине музыкантов, вытолкнул семь человек, одетых крайне неряшливо.

— Вот, — сказал Циммер, — это — тромбон; не играет, а палит, как из пушки. Эти два безусых молодца — фанфары; как заиграют, так сейчас же хочется воевать. Затем кларнет, корнет-а-пистон и вторая скрипка. Все они — великие мастера обнимать резвую приму, то есть меня. А вот и главный хозяин нашего веселого ремесла — Фриц, барабанщик. У барабанщиков, знаете, обычно — разочарованный вид, но этот бьет с достоинством, с увлечением. В его игре есть что-то открытое и прямое, как его палки. Так ли все сделано, капитан Грэй?

— Изумительно, — сказал Грэй. — Всем вам отведено место в трюме, который на этот раз, значит, будет погружен разными «скерцо», «адажио» и «фортиссимо». Разойдитесь. Пантен, снимайте швартовы, трогайтесь. Я вас сменю через два часа.

Этих двух часов он не заметил, так как они прошли все в той же внутренней музыке, не оставлявшей его сознания, как пульс не оставляет артерий. Он думал об одном, хотел одного, стремился к одному. Человек действия, он мысленно опережал ход событий, жалея лишь о том, что ими нельзя двигать так же просто и скоро, как шашками. Ничто в спокойной наружности его не говорило о том напряжении чувства, гул которого, подобно гулу огромного колокола, бьющего над головой, мчался во всем его существе оглушительным нервным стоном. Это довело его, наконец, до того, что он стал считать мысленно: «Один», два... тридцать...» и так далее, пока не сказал «тысяча». Такое упражнение подействовало: он был способен наконец взглянуть со стороны на все предприятие. Здесь несколько удивило его то, что он не может представить внутреннюю Ассоль, так как даже не говорил с ней. Он читал где-то, что можно, хотя бы смутно, понять человека, если, вообразив себя этим человеком, скопировать выражение его лица. Уже глаза Грэя начали принимать несвойственное им странное выражение, а губы под усами складываться в слабую, кроткую улыбку, как, опомнившись, он расхохотался и вышел сменить Пантена.

Было темно. Пантен, подняв воротник куртки, ходил у компаса, говоря рулевому: «Лево четверть румба; лево. Стой: еще четверть». «Секрет» шел с половиною парусов при попутном ветре.

— Знаете, — сказал Пантен Грэю, — я доволен.

— Чем?

— Тем же, чем и вы. Я все понял. Вот здесь, на мостике. — Он хитро подмигнул, светя улыбке огнем трубки.

— Ну-ка, — сказал Грэй, внезапно догадавшись, в чем дело, — что вы там поняли? — Лучший способ провезти контрабанду, — шепнул Пантен. — Всякий может иметь такие паруса, какие хочет. У вас гениальная голова, Грэй!

— Бедный Пантен! — сказал капитан, не зная, сердиться или

смеяться. — Ваша догадка остроумна, но лишена всякой основы. Идите спать. Даю вам слово, что вы ошибаетесь. Я делаю то, что сказал.

Он отослал его спать, сверился с направлением курса и сел. Теперь мы его оставим, так как ему нужно быть одному.

VI

Ассоль остается одна

Лонгрен провел ночь в море; он не спал, не ловил, а шел под парусом без определенного направления, слушая плеск воды, смотря в тьму, обветриваясь и думая. В тяжелые часы жизни ничто так не восстанавливало силы его души, как эти одинокие блужданья. Тишина, только тишина и безлюдье — вот что нужно было ему для того, чтобы все самые слабые и спутанные голоса внутреннего мира зазвучали понятно. Эту ночь он думал о будущем, о бедности, об Ассоль. Ему было крайне трудно покинуть ее даже на время; кроме того, он боялся воскресить утихшую боль. Быть может, поступив на корабль, он снова вообразит, что там, в Каперне его ждет не умиравший никогда друг, и возвращаясь, он будет подходить к дому с горем мертвого ожидания. Мери никогда больше не выйдет из дверей дома. Но он хотел, чтобы у Ассоль было что есть, решив поэтому поступить так, как приказывает забота.

Когда Лонгрен вернулся, девушки еще не было дома. Ее ранние прогулки не смущали отца; на этот раз однако в его ожидании была легкая напряженность. Похаживая из угла в угол, он на повороте вдруг сразу увидел Ассоль; вошедшая стремительно и неслышно, она молча остановилась перед ним, почти испугав его светом взгляда, отразившего возбуждение. Казалось, открылось ее второе лицо — то истинное лицо человека, о котором обычно говорят только глаза. Она молчала, смотря в лицо Лонгрену так непонятно, что он быстро спросил: – Ты больна?

Она не сразу ответила. Когда смысл вопроса коснулся наконец ее духовного слуха, Ассоль встрепенулась, как ветка, тронутая рукой, и засмеялась долгим, ровным смехом тихого торжества. Ей надо было сказать что-нибудь, но, как всегда, не требовалось придумывать – что именно; она сказала: – Нет, я здорова… Почему ты так смотришь? Мне весело. Верно, мне весело, но это оттого, что день так хорош. А что ты надумал? Я уж вижу по твоему лицу, что ты что-то надумал.

– Что бы я ни надумал, – сказал Лонгрен, усаживая девушку на колени, – ты, я знаю, поймешь, в чем дело. Жить нечем. Я не пойду снова в дальнее плавание, а поступлю на почтовый пароход, что ходит между Кассетом и Лиссом.

– Да, – издалека сказала она, силясь войти в его заботы и дело, но ужасаясь, что бессильна перестать радоваться. – Это очень плохо. Мне будет скучно. Возвратись поскорей. – Говоря так, она расцветала неудержимой улыбкой. – Да, поскорей, милый; я жду.

– Ассоль! – сказал Лонгрен, беря ладонями ее лицо и поворачивая к себе. – Выкладывай, что случилось?

Она почувствовала, что должна выветрить его тревогу, и, победив ликование, сделалась серьезно-внимательной, только в ее глазах блестела еще новая жизнь.

– «Ты странный, – сказала она. – Решительно ничего. Я собирала орехи.»

Лонгрен не вполне поверил бы этому, не будь он так занят своими мыслями. Их разговор стал деловым и подробным. Матрос сказал дочери, чтобы она уложила его мешок; перечислил все необходимые вещи и дал несколько советов.

– Я вернусь домой дней через десять, а ты заложи мое ружье и сиди дома. Если кто захочет тебя обидеть, скажи: – «Лонгрен скоро вернется». Не думай и не беспокойся обо мне; худого ничего не случится.

После этого он поел, крепко поцеловал девушку и, вскинув мешок за плечи, вышел на городскую дорогу. Ассоль смотрела ему вслед, пока он не скрылся за поворотом; затем вернулась. Немало домашних работ предстояло ей, но она забыла об этом. С интересом легкого удивления осматривалась она вокруг, как бы уже чужая этому дому, так влитому в сознание с детства, что, казалось, всегда носила его в себе, а теперь выглядевшему подобно родным местам, посещенным спустя ряд лет из круга жизни иной. Но что-то недостойное почудилось ей в этом своем отпоре, что-то неладное. Она села к столу, на котором Лонгрен мастерил игрушки, и попыталась приклеить руль к корме; смотря на эти предметы, невольно увидела она их большими, настоящими; все, что случилось утром, снова поднялось в ней дрожью волнения, и золотое кольцо, величиной с солнце, упало через море к ее ногам.

Не усидев, она вышла из дома и пошла в Лисе. Ей совершенно нечего было там делать; она не знала, зачем идет, но не идти – не могла. По дороге ей встретился пешеход, желавший разведать какое-то направление; она толково объяснила ему, что нужно, и тотчас же забыла об этом.

Всю длинную дорогу миновала она незаметно, как если бы несла птицу, поглотившую все ее нежное внимание. У города она немного развлеклась шумом, летевшим с его огромного круга, но он был не властен над ней, как раньше, когда, пугая и забивая, делал ее молчаливой трусихой. Она противостояла ему. Она медленно прошла кольцеобразный бульвар, пересекая синие тени деревьев, доверчиво и легко взглядывая на лица прохожих, ровной походкой, полной уверенности. Порода наблюдательных людей в течение дня замечала неоднократно неизвестную, странную на взгляд девушку, проходящую среди яркой толпы с видом глубокой задумчивости. На площади она подставила руку струе фонтана, перебирая пальцами среди отраженных брызг; затем, присев, отдохнула и вернулась на лесную дорогу. Обратный путь она сделала со свежей душой, в настроении мирном и ясном, подобно вечерней речке, сменившей, наконец, пестрые зеркала дня ровным в тени блеском. Приближаясь к селению, она увидала того самого угольщика, которому померещилось, что у него зацвела корзина; он стоял возле повозки с двумя неизвестными мрачными людьми, покрытыми сажей и грязью. Ассоль обрадовалась. – Здравствуй. Филипп, – сказала она, – что ты здесь делаешь?

– Ничего, муха. Свалилось колесо; я его поправил, теперь покуриваю да калякаю с нашими ребятами. Ты откуда?

Ассоль не ответила.

– Знаешь, Филипп, – заговорила она, – я тебя очень люблю, и потому скажу только тебе. Я скоро уеду; наверное, уеду совсем. Ты не говори никому об этом.

– Это ты хочешь уехать? Куда же ты собралась? – изумился угольщик, вопросительно раскрыв рот, отчего его борода стала длиннее.

– Не знаю. – Она медленно осмотрела поляну под вязом, где стояла телега,

– зеленую в розовом вечернем свете траву, черных молчаливых угольщиков и, подумав, прибавила: – Все это мне неизвестно. Я не знаю ни дня, ни часа и даже не знаю, куда. Больше ничего не скажу. Поэтому, на всякий случай, – прощай; ты часто меня возил.

Она взяла огромную черную руку и привела ее в состояние относительного трясения. Лицо рабочего разверзло трещину неподвижной улыбки. Девушка кивнула, повернулась и отошла. Она исчезла так быстро, что Филипп и его приятели не успели повернуть голову.

– Чудеса, – сказал угольщик, – поди-ка, пойми ее. – Что-то с ней сегодня… такое и прочее.

– Верно, – поддержал второй, – не то она говорит, не то – уговаривает. Не наше дело.

– Не наше дело, – сказал и третий, вздохнув. Затем все трое сели в повозку и, затрещав колесами по каменистой дороге, скрылись в пыли.

VII

Алый «секрет»

Был белый утренний час; в огромном лесу стоял тонкий пар, полный странных видений. Неизвестный охотник, только что покинувший свой костер, двигался вдоль реки; сквозь деревья сиял просвет ее воздушных пустот, но прилежный охотник не подходил к ним, рассматривая свежий след медведя, направляющийся к горам.

Внезапный звук пронесся среди деревьев с неожиданностью тревожной погони; это запел кларнет. Музыкант, выйдя на палубу, сыграл отрывок мелодии, полной печального, протяжного повторения. Звук дрожал, как голос, скрывающий горе; усилился, улыбнулся грустным переливом и оборвался. Далекое эхо смутно напевало ту же мелодию.

Охотник, отметив след сломанной веткой, пробрался к воде. Туман еще не рассеялся; в нем гасли очертания огромного корабля, медленно повертывающегося к устью реки. Его свернутые паруса ожили, свисая фестонами, расправляясь и покрывая мачты бессильными щитами огромных складок; слышались голоса и шаги. Береговой ветер, пробуя дуть, лениво теребил паруса; наконец, тепло солнца произвело нужный эффект; воздушный напор усилился, рассеял туман и вылился по реям в легкие алые формы, полные роз. Розовые тени скользили по белизне мачт и снастей, все было белым, кроме раскинутых, плавно двинутых парусов цвета глубокой радости.

Охотник, смотревший с берега, долго протирал глаза, пока не убедился, что видит именно так, а не иначе. Корабль скрылся за поворотом, а он все еще стоял и смотрел; затем, молча пожав плечами, отправился к своему медведю.

Пока «Секрет» шел руслом реки, Грэй стоял у штурвала, не доверяя руля матросу – он боялся мели. Пантен сидел рядом, в новой суконной паре, в новой блестящей фуражке, бритый и смиренно надутый. Он по-прежнему не чувствовал никакой связи между алым убранством и прямой целью Грэя.

– Теперь, – сказал Грэй, – когда мои паруса рдеют, ветер хорош, а в сердце моем больше счастья, чем у слона при виде небольшой булочки, я попытаюсь настроить вас своими мыслями, как обещал в Лиссе. Заметьте – я не считаю вас глупым или упрямым, нет; вы образцовый моряк, а это много стоит. Но вы, как и большинство, слушаете голоса всех нехитрых истин сквозь толстое стекло жизни; они кричат, но, вы не услышите. Я делаю то, что существует, как старинное представление о прекрасном-несбыточном, и что, по существу, так же сбыточно и возможно, как загородная прогулка. Скоро вы увидите девушку, которая не может, не должна иначе выйти замуж, как только таким способом, какой развиваю я на ваших глазах.

Он сжато передал моряку то, о чем мы хорошо знаем, закончив объяснение так: – Вы видите, как тесно сплетены здесь судьба, воля и свойство характеров; я прихожу к той, которая ждет и может ждать только меня, я же не хочу никого другого, кроме нее, может быть именно потому, что благодаря ей я понял одну нехитрую истину. Она в том, чтобы делать так называемые чудеса своими руками. Когда для человека главное – получать дражайший пятак, легко дать этот пятак, но, когда душа таит зерно пламенного растения – чуда, сделай ему это чудо, если ты в состоянии. Новая душа будет у него и новая у тебя. Когда начальник тюрьмы сам выпустит заключенного, когда миллиардер подарит писцу виллу, опереточную певицу и сейф, а жокей хоть раз попридержит лошадь ради другого коня, которому не везет, – тогда все поймут, как это приятно, как невыразимо чудесно. Но есть не меньшие чудеса: улыбка, веселье, прощение, и – вовремя сказанное, нужное слово. Владеть этим – значит владеть всем. Что до меня, то наше начало – мое и Ассоль – останется нам навсегда в алом отблеске парусов, созданных глубиной сердца, знающего, что такое любовь. Поняли вы меня?

– Да, капитан. – Пантен крякнул, вытерев усы аккуратно сложенным чистым платочком. – Я все понял. Вы меня тронули. Пойду я вниз и попрошу прощения у Никса, которого вчера ругал за потопленное ведро. И дам ему табаку – свой он проиграл в карты.

Прежде чем Грэй, несколько удивленный таким быстрым практическим результатом своих слов, успел что-либо сказать, Пантен уже загремел вниз по трапу и где-то отдаленно вздохнул. Грэй оглянулся, посмотрев вверх; над ним молча рвались алые паруса; солнце в их швах сияло пурпурным дымом. «Секрет» шел в море, удаляясь от берега. Не было никаких сомнений в звонкой душе Грэя – ни глухих ударов тревоги, ни шума мелких забот; спокойно, как парус, рвался он к восхитительной цели; полный тех мыслей, которые опережают слова.

61

К полудню на горизонте показался дымок военного крейсера, крейсер изменил курс и с расстояния полумили поднял сигнал – «лечь в дрейф!».

– Братцы, – сказал Грэй матросам, – нас не обстреляют, не бойтесь; они просто не верят своим глазам.

Он приказал дрейфовать. Пантен, крича как на пожаре, вывел «Секрет» из ветра; судно остановилось, между тем как от крейсера помчался паровой катер с командой и лейтенантом в белых перчатках; лейтенант, ступив на палубу корабля, изумленно оглянулся и прошел с Грэем в каюту, откуда через час отправился, странно махнув рукой и улыбаясь, словно получил чин, обратно к синему крейсеру. По-видимому, этот раз Грэй имел больше успеха, чем с простодушным Пантеном, так как крейсер, помедлив, ударил по горизонту могучим залпом салюта, стремительный дым которого, пробив воздух огромными сверкающими мячами, развеялся клочьями над тихой водой. Весь день на крейсере царило некое полупраздничное остолбенение; настроение было неслужебное, сбитое – под знаком любви, о которой говорили везде – от салона до машинного трюма, а часовой минного отделения спросил проходящего матроса:

– «Том, как ты женился?» – «Я поймал ее за юбку, когда она хотела выскочить от меня в окно», – сказал Том и гордо закрутил ус.

Некоторое время «Секрет» шел пустым морем, без берегов; к полудню открылся далекий берег. Взяв подзорную трубу, Грэй уставился на Каперну. Если бы не ряд крыш, он различил бы в окне одного дома Ассоль, сидящую за какой-то книгой. Она читала; по странице полз зеленоватый жучок, останавливаясь и приподнимаясь на передних лапах с видом независимым и домашним. Уже два раза был он без досады сдунут на подоконник, откуда появлялся вновь доверчиво и свободно, словно хотел что-то сказать. На этот раз ему удалось добраться почти к руке девушки, державшей угол страницы; здесь он застрял на слове «смотри», с сомнением остановился, ожидая нового шквала, и, действительно, едва избег неприятности, так как Ассоль уже воскликнула: – «Опять жучишка… дурак!..» – и хотела решительно сдуть гостя в траву, но вдруг случайный переход взгляда от одной крыши к другой открыл ей на синей морской щели уличного пространства белый корабль с алыми парусами.

Она вздрогнула, откинулась, замерла; потом резко вскочила с головокружительно падающим сердцем, вспыхнув неудержимыми слезами вдохновенного потрясения. «Секрет» в это время огибал небольшой мыс, держась к берегу углом левого борта; негромкая музыка лилась в голубом дне с белой палубы под огнем алого шелка; музыка ритмических переливов, переданных не совсем удачно известными всем словами: «Налейте, налейте бокалы — и выпьем, друзья, за любовь»... — В ее простоте, ликуя, развертывалось и рокотало волнение.

Не помня, как оставила дом, Ассоль бежала уже к морю, подхваченная неодолимым ветром события; на первом углу она остановилась почти без сил; ее ноги подкашивались, дыхание срывалось и гасло, сознание держалось на волоске. Вне себя от страха потерять волю, она топнула ногой и оправилась. Временами то крыша, то забор скрывали от нее алые паруса; тогда, боясь, не исчезли ли они, как простой призрак, она торопилась миновать мучительное препятствие и, снова увидев корабль, останавливалась облегченно вздохнуть.

Тем временем в Каперне произошло такое замешательство, такое волнение, такая поголовная смута, какие не уступят аффекту знаменитых землетрясений. Никогда еще большой корабль не подходил к этому берегу; у корабля были те самые паруса, имя которых звучало как издевательство; теперь они ясно и неопровержимо пылали с невинностью факта, опровергающего все законы бытия и здравого смысла. Мужчины, женщины, дети впопыхах мчались к берегу, кто в чем был; жители перекликались со двора в двор, наскакивали друг на друга, вопили и падали; скоро у воды образовалась толпа, и в эту толпу стремительно вбежала Ассоль. Пока ее не было, ее имя перелетало среди людей с нервной и угрюмой тревогой, с злобным испугом. Больше говорили мужчины; сдавленно, змеиным шипением всхлипывали остолбеневшие женщины, но если уж которая начинала трещать — яд забирался в голову. Как только появилась Ассоль, все смолкли, все со страхом отошли от нее, и она осталась одна средь пустоты знойного песка, растерянная, пристыженная, счастливая, с лицом

63

не менее алым, чем ее чудо, беспомощно протянув руки к высокому кораблю.

От него отделилась лодка, полная загорелых гребцов; среди них стоял тот, кого, как ей показалось теперь, она знала, смутно помнила с детства. Он смотрел на нее с улыбкой, которая грела и торопила. Но тысячи последних смешных страхов одолели Ассоль; смертельно боясь всего – ошибки, недоразумений, таинственной и вредной помехи – она вбежала по пояс в теплое колыхание волн, крича: – Я здесь, я здесь! Это я!

Тогда Циммер взмахнул смычком – и та же мелодия грянула по нервам толпы, но на этот раз полным, торжествующим хором. От волнения, движения облаков и волн, блеска воды и дали девушка почти не могла уже различать, что движется: она, корабль или лодка – все двигалось, кружилось и опадало.

Но весло резко плеснуло вблизи нее; она подняла голову. Грэй нагнулся, ее руки ухватились за его пояс. Ассоль зажмурилась; затем, быстро открыв глаза, смело улыбнулась его сияющему лицу и, запыхавшись, сказала: – Совершенно такой.

– И ты тоже, дитя мое! – вынимая из воды мокрую драгоценность, сказал Грэй. – Вот, я пришел. Узнала ли ты меня?

Она кивнула, держась за его пояс, с новой душой и трепетно зажмуренными глазами. Счастье сидело в ней пушистым котенком. Когда Ассоль решилась открыть глаза, покачиванье шлюпки, блеск волн, приближающийся, мощно ворочаясь, борт «Секрета», – все было сном, где свет и вода качались, кружась, подобно игре солнечных зайчиков на струящейся лучами стене. Не помня – как, она поднялась по трапу в сильных руках Грэя. Палуба, крытая и увешанная коврами, в алых выплесках парусов, была как небесный сад. И скоро Ассоль увидела, что стоит в каюте – в комнате, которой лучше уже не может быть.

Тогда сверху, сотрясая и зарывая сердце в свой торжествующий крик, вновь кинулась огромная музыка. Опять Ассоль закрыла глаза, боясь, что все это исчезнет, если она будет смотреть. Грэй взял ее руки и, зная уже теперь, куда можно безопасно идти, она спрятала мокрое от слез лицо на груди друга, пришедшего так волшебно. Бережно, но со смехом, сам потрясенный и удивленный тем, что наступила невыразимая, недоступная никому драгоценная минута, Грэй поднял за подбородок вверх это давным-давно пригрезившееся лицо, и глаза девушки, наконец, ясно раскрылись. В них было все лучшее человека.

– Ты возьмешь к нам моего Лонгрена? – сказала она.

– Да. – И так крепко поцеловал он ее вслед за своим железным «да», что она засмеялась.

Теперь мы отойдем от них, зная, что им нужно быть вместе одним. Много на свете слов на разных языках и разных наречиях, но всеми ими, даже и отдаленно, не передашь того, что сказали они в день этот друг другу.

Меж тем на палубе у гротмачты, возле бочонка, изъеденного червем, с сбитым дном, открывшим столетнюю темную благодать, ждал уже весь экипаж. Атвуд стоял; Пантен чинно сидел, сияя, как новорожденный. Грэй поднялся вверх, дал знак оркестру и, сняв фуражку, первый зачерпнул граненым стаканом, в песне золотых труб, святое вино.

– Ну, вот… – сказал он, кончив пить, затем бросил стакан. – Теперь пейте, пейте все; кто не пьет, тот враг мне.

Повторить эти слова ему не пришлось. В то время, как полным ходом, под всеми парусами уходил от ужаснувшейся навсегда Каперны «Секрет», давка вокруг бочонка превзошла все, что в этом роде происходит на великих праздниках.

– Как понравилось оно тебе? – спросил Грэй Летику.

– Капитан! – сказал, подыскивая слова, матрос. – Не знаю, понравился ли ему я, но впечатления мои нужно обдумать. Улей и сад!

– Что?!

– Я хочу сказать, что в мой рот впихнули улей и сад. Будьте счастливы, капитан. И пусть счастлива будет та, которую «лучшим грузом» я назову, лучшим призом «Секрета»!

Когда на другой день стало светать, корабль был далеко от Каперны. Часть экипажа как уснула, так и осталась лежать на палубе, поборотая вином Грэя; держались на ногах лишь рулевой да вахтенный, да сидевший на корме с грифом виолончели у подбородка задумчивый и хмельной Циммер. Он сидел, тихо водил смычком, заставляя струны говорить волшебным, неземным голосом, и думал о счастье…

Слон и Моська

I

Моська зажмурил глаза и спустил курок. На мишени показался белый четырехугольник, и в то же мгновение он почувствовал сильный удар в шею…

Всякий раз, когда Моська выходил на плац, прикладывал по команде ружье к плечу, целился в мишень и, ожидая команды «пли», судорожно прижимал палец к спуску, на него нападал непобедимый страх. Моська — самый плохой солдат и стрелок роты — служил вот уже больше года, но ни свирепая дисциплина ***ского батальона, ни бесчисленные побои, наносимые ему всеми из начальства, ни «отеческие» увещевания — ничто не могло сделать из него солдата «как все»…

И когда наконец раздавалась команда «пли!», он весь обмирал и, зажмурив глаза, посылал пулю в пространство, где она начинала благополучно визжать, как будто совершенно не замечая мишеней, в которые Моська целился так долго, упорно и безнадежно…

Когда махальный[1] после пятого, и последнего, выстрела снова прикладывал к Моськиной мишени белый четырехугольник, а затем комически взмахивал им кверху, давая понять, что пулю можно искать где угодно, только не в мишени, Моська чувствовал, что к нему сзади подбегает фельдфебель[2] и с размаху бьет его в шею — раз и два! От таких ударов шапка у Моськи падала на землю, а сам он, вытянувшись и замерев в жалкой принужденной позе, смотрел вперед широко раскрытыми глазами и ничего не видел от слез, заставших все поле и эти ненавистные глупые мишени, которые как будто смеялись над ним.

---

[1] Махальный — солдат, на обязанности которого лежит показывать красным значком, в какое место мишени попала пуля. Если стрелок даст промах — махальный машет белым значком. (Здесь и далее примечания автора.)
[2] Фельдфебель, взводный, подвзводный, ефрейтор, унтер, — В дореволюционной армии эти звания присваивались младшему командному составу из солдат.

Несмотря на свое ничтожество в специальном «боевом» значении, Моська играл громадную роль в жизни первой роты.

— Это господь наказывает за грехи наши, — говорил какой-нибудь офицер, проходя мимо Моськи и с ненавистью глядя на его неуклюжую, обдерганную фигуру.

«Не было печали, так черти накачали», — думали его фельдфебель, взводный и подвзводный.

— Не было бы Моськи — хоть топись, — говорили солдаты.

И действительно, не будь Мосея, или Моськи, как звали его все, роте жилось бы еще хуже. В военной среде существует неизвестно на чем основанное убеждение, что первая по счету в батальоне рота должна быть также первой в смысле служебного превосходства. Если бы так было всегда на самом деле, то можно думать, что вторая, третья, четвертая, пятая шестая роты постоянно уступают все больше и больше друг другу в служебном рвении и что шестая, например, должна явиться чуть ли не сборищем самых плохих и ленивых солдат. На деле бывает, однако, часто наоборот. Хотя в первую роту и назначают по возможности более рослых солдат, но рослость еще не служит как известно, признаком особой способности к воинской «науке». Если же прибавить к этому, что офицерство заведующее первой ротой, точно такое же, как и в остальных, ни хуже, ни лучше, то будет понятно, почему сплошь и рядом на смотрах какая-нибудь пятая или шестая рота, которой раньше как-то и незаметно было на казарменном дворе, вдруг получает разные «спасибо» и прочее, а первая рота при гробовом молчании генерала отправляется восвояси домой.

Моська служил в первой роте. Его рост и ширина плеч так понравились уездному воинскому начальнику что Моська был назначен в первую роту. Трудность и бессмысленность солдатской службы и жизни подействовали на него ошеломляюще. После двухнедельных испытаний, когда начальство убедилось, что в ближайшем будущем разве только сверхъестественное вмешательство может помочь Моське сделаться солдатом «как все», — он стал козлом отпущения. Его били, гоняли немилосердно, ставили «под ранец», и он молчал и безропотно переносил эти гонения, как будто сам считал себя ответственным за свою неспособность к военной службе.

Не проходило дня, чтоб Моська не повергал в уныние своего «фитьфебеля». То он повертывался не в ту сторону, куда нужно; то, вскидывая на плечо винтовку, так ударял штыком о штык соседа, что тот ронял ружье; то приходил на ученье в нечищеных сапогах, или надевал шапку без кокарды, или забывал патронташ, или свертывал шинель так, что она на ходу развертывалась и Моське надо было выходить из строя под градом ругательств, то… Но всего не пересчитаешь… Достаточно сказать, что если бы проследить шаг за шагом всю солдатскую жизнь Моськи, не нашлось бы, пожалуй, ни одного из преступлений, караемых дисциплинарными взысканиями, которых не совершал бы Моська по нескольку раз.

Вся ненависть начальства к солдату как к чему-то живому, которая обращает его в слепую, покорную машину, — сосредоточилась на Моське… Моська портит роту. Моська растлевающим образом действует на солдат, Моська глуп более, чем полагается быть глупым солдату.

Правда, было много способов отделаться от неудобного солдата… Можно было послать его в «комиссию», объявить больным и отпустить домой… Можно было перевести в другую роту… Можно было, наконец, просто прогнать Моську со службы…

Но там, где человек превращает другого человека в послушную машину, где сделаться машиной считается доблестью и где не всякий, даже при желании, может упрятать свою натуру в железные рамки дисциплины, — там таких решений быть не могло… Первая и главная обязанность начальства — из сырого деревенского материала сделать чистенькие, щеголеватые машинки, способные двигаться и стрелять по приказанию. Моська не мог сделаться такой машинкой — значит, его нужно сделать таким, закон дисциплины не должен терпеть ни исключений, ни поражений… А быть может, Моська не желал сделаться «хорошим» солдатом? Быть может, он не глуп, а умен, как змий, ловок, как кошка, меток, как Немврод[3], и храбр, как тысяча чертей, и только намеренно уклоняется от солдатской службы, разыгрывая дурака в расчете на освобождение? А если не так, если он действительно

---

[3] Немврод — древний сказочный царь, знаменитый охотник.

никуда не годится, — не послужит ли его освобождение причиной того, что другие нарочно станут прикидываться неумелыми? Перевести в другую роту? Но это, во-первых, значило бы признать свое бессилие. Перед кем? Каким-то Моськой... Во-вторых, это была бы уступка человеческой природе, которая на солдатской службе в расчет не принимается.

Итак, Моська служил в первой роте.

II

А между тем никто не мог бы положа руку на сердце сказать, что Моська глуп. И сам он, вспоминая иногда в редкие минуты отдыха все, что ему приходится выносить, вспоминая все ругательства: «Осел! Остолоп! Скотина! Дубина!» — и прочее, недоумевал; чем он уж так очень глуп? Жизнь в деревне, где он вырос и жил до солдатчины, казалась ему гораздо более сложной, требующей более толкового отношения к себе, чем здесь, и, однако, там, в деревне, никто не называл его дураком, не глумился и не ругался над ним.

И он вспоминал большое, зеленое, освещенное горячим светом солнца поле... А сам он, Моська, в посконной рубахе, босиком, мерными взмахами косы кладет ряд за рядом темно-зеленую упругую траву... Коса шуршит чуть слышно, и в каждом ее взмахе чувствуется сила и сноровка. Ни один корень, ни один камень не задержит ее. Как живая, обходит она все препятствия выстригая пригорки и ложбинки, кружась возле кустов с чуть слышным легким звоном.

А вот весна... Блестят лужи, темные, грязные, в белых рамках еще не везде растаявшего снега... Свежо, но к полудню начинает припекать. Моська ворочает дюжими, одетыми в желтые кожаные рукавицы руками большие, белые, свежеобтесанные бревна... От ловких ударов остро отточенного топора летят щепки, ряд за рядом вырастает сруб...

И вся крестьянская жизнь, полная непрестанных забот, хлопот, труда и усилия, начинает развертываться перед ним… Особенно любил вспоминать Моська, как зимой, вставши чуть свет и поев при огне горячих блинов, он запрягал кобылу и ехал на станцию отвозить в город пассажиров… Стужа, ветер; зипунишко то и дело пропускает холодные струйки морозного воздуха… Но Моська молод, два-три удара кнута — и тарантасик летит во весь опор, подбрасывая злополучного пассажира…

Если только вздох самого Моськи, вспоминающего подчас голодную, но более свободную и милую жизнь, не прерывал его размышлений, то эти размышления обыкновенно нарушал грубый окрик взводного:

— Э-эй, Моська! Что шары-то уставил? Ступай почисть сапоги!

Моська берет сапоги и начинает их чистить. Но в блеске сапожного носка он уже опять видит блестящие струи деревенской вертлявой речки, маленького мальчишку Моську, который, задрав рубаху до плеч, упорно старается схватить руками быстрых, скользких вьюнов.

Когда наступил срок и Моське надо было тянуть жребий, он не испытал особенной грусти… Напротив, когда его, голого, ощупали, как лошадь, в воинском присутствии и плотный мужчина с бакенбардами громко сказал: «Годен!» — он испытал даже некоторое удовольствие при мысли, что в его, Моськиной, жизни начинается какая-то новая полоса, совершенно отличная от прежнего времяпрепровождения. Ему, силачу и здоровяку, шутя разгибающему подкову и кулаком ломавшему кирпичи, служба казалась игрушкой — веселой, занятной и почетной. «Ну што такое ружо! — думал он. — Эка невидаль — девять фунтов!» А солдатские мундиры, в которых приезжали на побывку в деревню его земляки, приводили Моську в наивное восхищение.

«Чай, все царское», — думал он, с почтением поглядывая на соседа Гришку или Петьку, который, ухарски заломив шапку на затылок, рассыпался мелким бесом перед деревенскими красавицами.

«Ишь царь-то он, гляди, как наряжат! Мне бы эдакое!» — и смущенно вздыхал, оглядывая свою неказистую деревенскую одежонку.

А теперь он сам будет такой!

Увы! Когда их, новобранцев, в количестве сто с лишним человек представили на казарменный двор — тут впервые Моська почувствовал, что как будто — «не тово»... Когда прошли первые два-три дня приемки, разбивки, выдачи разных мундиров, заплатанных и перезаплатанных штанов, галстуков, винтовок, сумок и прочей солдатской упряжки, когда впервые Моську поставили в шеренгу и сказала ему уже не как новичку, а как солдату: «Эй, ты, рыло! Подтяни брюхо! Брюхо убери!» — тогда он начал подумывать, что, конечно, трудность солдатской службы не только в том, что винтовка весит девять фунтов. На этих девяти фунтах нависла, цепляясь одно за другое, вся страшная тяжесть солдатчины, всей убийственно бессмысленной жизни для убийства... Каждый раз, как Моська становился в ряды и, весь замирая, напрягая все внимание и «поедая начальство глазами», старался не пропустить мимо ушей ни команды, ни ее смысла, — он неизбежно терялся и делал ошибку за ошибкой... И быть может, эта вечная боязнь ошибиться и недоверие к себе, воспитанное постоянными заушениями и окриками: «Осел! Олух!» — и т. п. делали то, что здоровый и неглупый по натуре парень превращался в запуганное животное, не всегда понимающее своего дрессировщика.

Пока Моська числился еще «молодым солдатом», то есть проходил первые четыре месяца службы, с него, как и с других, спрашивалось все же меньше, чем с так называемых «старых солдат». Но когда эти четыре месяца прошли, когда «молодые» приняли вторую присягу, тут Моське стало плохо. Он почти решительно ничего не знал. Когда весной перед началом стрельбы ротный командир сделал смотр своей роте, он был так поражен поведением Моськи, что вывел его из строя и произвел «экзамен» отдельно.

— Стой! — закричал он Моське, испуганному и растерявшемуся. — Я тебя научу! Смирно!

Солдат застыл.

— Слуша-ай! По-ефрейторски на кра-а-ул![4]

---

[4] По-ефрейторски на караул — отдавать честь ружьем (особый воинский ружейный прием).

Моська, пропустив слова «по-ефрейторски», — взял «на краул» обыкновенным приемом, то есть подняв винтовку и прижав ее к животу.

— Отставить! — заорал взбешенный штабс-капитан[5]. — Ты что это, сволочь?! Этого не знаешь? Дубина стоеросовая!.. Фельдфебель!

— Я! — Бледный, трепещущий фельдфебель предстал перед начальством.

— Что знают мои солдаты? Что они знают, я спр-рашиваю! — кричал ротный на фельдфебеля, стоявшего навытяжку и взявшего под козырек. — Ничего они не знают! Как тебя зовут? — обратился он к Моське.

— Мосей Сидоров Щеглов, вашбродь!

— Скажи мне, Щеглов... Гм... гм... что такое... что такое... гм... что такое знамя?

— Это... знамя — это такое... как вроде свяченная хоругвь[6], как вроде...

Моська окончательно сбился и стоял, беспомощно шевеля губами. Штабс-капитан подбежал к нему, и звонкая пощечина раздалась в воздухе.

— Фельдфебель! — кричал он. — Под ранец его, собаку, на два часа!.. С кирпичом! С кирпичом!

По окончании ученья Моська надел полное боевое снаряжение: шинель, сумки, ранец, наполненный кирпичами, и с винтовкой на плече был поставлен отбыть свои два часа. Вся эта тяжесть для него, силача, не имела никакого значения, но стоять на жаре, не смея переступить с ноги на ногу, обливаясь потом, было очень мучительно. Хотелось пить, в ушах звенело, в глазах прыгали красные огненные точки...

И еще хуже стало для него жить с этого дня... Правда, «подтягиваясь» все больше и больше, он начинал выходить и на утренний осмотр, и на занятия иногда в таком же аккуратном виде, как и другие, то есть не хуже, но и тогда ему не прощалось ни малейшего пятнышка. Обыкновенно фельдфебель, злой на Моську

---

[5] Штабс-капитан — офицерский чин в царской армии (между поручиком и майором).

[6] Хоругвь — воинское знамя. Церковная священная хоругвь — большое полотнище на длинном древке с изображением Христа или святых.

за нагоняй, полученный от ротного, подходил к нему в строю и, запуская большой палец за пояс Моськи, кричал:

— Рохля! Это что?! Что это?! У тебя за ремень быка можно спрятать! Я тебе что говорил: чтобы палец туго проходил! Как в старину служили — знаешь? Обвернут пояс вокруг головы да в тую же меру брюхо подтянут — в рюмочку! О, несчастье ты мое! На голову ты мою уродился!

Следовал поток непечатной брани, и Моська уже мог быть уверенным, что сегодняшний день не пройдет ему даром. И действительно, после обеда уже обыкновенно перед фельдфебелем торчала фигура Моськи в полном боевом снаряжении, тоскливо посматривающего на товарищей, имеющих возможность с часок-другой поваляться на траве…

III

Итак, Моська получил удар в шею… Он растерянно и жалко встряхнул головой, поднял плечи, ожидая второго удара, и сейчас же почувствовал его. Этот был еще сильнее первого, и у солдата слегка захватило дух, но все же он вздохнул облегченно, зная, что фельдфебель бьет только два раза. Это не то что взводный.. Тот затащит солдата в угол и долго, с наслаждением отвешивает пощечины своей жертве, пока у нее не пойдет кровь носом.

Стрельба кончилась, и солдаты стали собираться лагерь, надевая шинели и поправляя сумки… Всякой воинской части, когда она шла куда-нибудь, непременно полагалось петь в силу того соображения, что солдат всегда должен быть бодр и весел. Поэтому фельдфебель окинул роту зорким взглядом своих маленьких рысьих глаз и скомандовал:

— Ну… Эй вы, песенники!

Несколько секунд еще слышался мертвый, тяжелы топот десятков ног, и вдруг высокий, металлически тенор запевалы вывел:

Ге-нера-ал-майор, майор Алхаза
Бы-ы-ыл все вре-е-мя впере-ди-и...
И тотчас же вся рота грянула вслед:
Он ко-ман-до-вал войска-ми
Са-а-ам и пушки д'заряжал...

Протяжный, заунывный напев, полный затаенно тоски и грусти, понесся, подхваченный ветерком...

Идут все полки, полки могучи
Идут весело на бой...
Как один солдат, солдат не весел
Он из дальней стороны...

— Кабы знал да знал бы я — не ездил

Я на родину свою...
Лучше б в поле, в поле помереть мне,
В чистом поле со врагом...
В чистом поле, поле со врагом
Да под ракитовым кустом...

Моська не поет — он слушает... Вот идут блестящие, красивые полки, гремит музыка, развеваются знамена... Впереди едет на коне седой генерал-майор Алхаза... Солдаты кричат «ура!» — горят желанием сразиться с таинственным, коварным врагом... И только один молодой солдатик идет, понурив голову... Не веселит его ни музыка, ни знамена... Лежит у него на сердце горе. Какое горе?.. Моська не знает, но ему смертельно жаль молодого солдата...

— Ты у меня будешь идти в ногу или нет? — вдруг гремит грозный оклик взводного, сопровождаемый площадной бранью.

И Моська, вздрогнув, торопливо переменяет ногу, опять путается, опять переменяет и, наконец, не видит перед собой ни генерала Алхаза, ни убитого горем солдатика...

— Раз-два! Раз-два! Левой, правой! Ать-два!

— Ну, Моська, сколько пуль попал сегодня? — спрашивает его сосед, ярославец Быстров. — Дивлюсь я на тебя: или тебя господь глаз на стрельбу лишает? И что это с тобой такое? Право, когда смех, а когда жалость берет, на тебя глядя...

— А разве я знаю? Ты поди спроси меня, когда я и сам не знаю... Кто ее знат! Али спуску крепко нажмешь, али...

Но Моська просто стыдится сознаться в том, что он боится. Почему это так, почему он не может до сих пор освоиться с ружьем, он и сам не знает... А главное — никак не может он удержаться от того, чтобы в момент выстрела не закрыть глаз. Это выходит как-то само собой, а между тем прицел пропадает...

Но он вовсе не трус. Он помнит, как, бывало, еще в деревне случалось ходить ему на посиделки и в чужую деревню, частенько кончавшиеся жестокой свалкой. Он не боялся, напротив, было даже очень приятно драться и чувствовать свою силу... Случалось ему и на пожаре лазить в самый огонь и выскакивать с опаленными волосами и почерневшим лицом, держа в объятиях какую-нибудь телку...

Но здесь — чужое, здесь каждая мелочь тесно сплетается с другой, одна ответственность влечет за собой другую... А когда приходится стрелять в цель, Моська знает, что этому придается особо важное значение. Заранее волнуясь, он уже уверен, что даст промах, и боязнь промаха, а не выстрела заставляет его невольно закрыть глаза на мгновение... Но этого он не сознает... Так иногда человек при одном воспоминании, что он покраснел когда-то, краснеет снова...

Между тем рота подошла к палаткам, песни смолкли, и солдаты, сбросив шинели и сумки, пошли в столовую обедать.

Горячий пар валил уже из кухни, расстилаясь клубами под потолком. В дымном, насыщенном кухонными испарениями воздухе мелькали белые рубахи, желтые деревянные чашки, носился раздражающий голодного человека запах гороха и пригорелой гречневой каши. Пища бралась повзводно, одна громадная чашка — «бак» — обслуживала восемь — одиннадцать человек. Стояло настоящее столпотворение; в отворенную двер кухни было видно, как повар с засученными рукавами взгромоздившись на край котла, длинным черпаком безостановочно поливал в подставляемые со всех сторон чашки мутный жидкий горох.

Моська в числе других усердно работал челюстями вставая каждый раз, когда нужно было зачерпнуть, ибо он сидел с краю стола. Шел довольно оживленный раз говор на злободневные темы, и главным образом о распространившемся в последнее время слухе, что скоро будет назначен новый ротный командир специально для того, чтобы «подтянуть» распущенных солдат и сделать роту «образцовой». Про личность предполагаемого ротного командира ходили самые фантастические рассказы…

— Эхма! — говорил один солдат, торопливо жуя черный, как смола, хлеб. — И не сидится же ихнему брату… Вот, к слову сказать: служим мы в этом треклятом месте — кажись, какой черт здесь узнает, как служба? Хорошо ли, плохо ли идет? А поди ж ты: сичас это пущают тилиграмм — и гляди, через месяц али два беспременно какого-нибудь хахаля пришлют… А чему — не все одно? Нашу роту как ни правь, а знай пословицу: «Горбатого могила исправит». Да и то сказать, какого нам рожна еще нужно, когда у нас вон этакие гренадеры[7] служат! — Солдат скосил глаза на Моську и подмигнул компании. — Отдай все, да и мало! Уж наверно начальство так порешило: «А что-де, мол, у нас в первой роте офицер-то хуже Моськи? Никак, мол, этого сраму допустить невозможно… Пришел, значит, ему под пару, для кумпании…»

Взрыв хохота был ответом на выходку солдата. Ободренный успехом, тот не спеша обтер усы, заправил в рот новую ложку гороха и продолжал:

— Вот приедет новый-то: «А что, — скажет, — где у вас этот самый Моська-то? Я, мол, таких солдат очинно уважаю, потому я сам ему сродни, племянником довожусь… Наградить, — скажет, — Моську за храбрость и сметку по голому пузу пузырем с горохом!..»[8]

— Ха-ха-ха! — покатывались солдаты. — Ну и Козлов! Вот уж, братцы мои!..

Моське стало грустно. Он знал, что солдаты смеются над ним

---

[7] Гренадер — здесь: рослый солдат. Так называли солдат особого рода войск, вооруженных гранатами (фр. grenade), а впоследствии солдат высокого роста из отборной части войск.

[8] …по голому пузу пузырем с горохом!.. — «Пузырем» называли в то время мешок для хранения сыпучих продуктов.

без всякого злого умысла, но быть постоянной мишенью для шуток и насмешек ему было обидно. Он встал, обтер ложку и сказал:

— Ну и набил же я свой барабан! Ажно расперло!

— Смотри не открой стрельбу! — состил кто-то, но Моська не обратил на это внимание.

— Скальте, скальте зубы, ребята, — сказал он. — А вот ежели дивствительно пришлют нового-то, да протчим не в пример со строгостями еще пуще... Вот тогда не больно смеяться будешь...

— А потому же и смеемся, что опосля не до смеху будет! — сказал кто-то. — Этот, что к нам будет, новый-то, сказывают...— Солдат оглянулся и вполголоса докончил: — Новый-то, сказывают... убивец!

Со всех сторон посыпались восклицания:

— Пошел ты!

— Чего зря мелешь!

— Какой такой убивец?

— А вот убивец — поди ж ты! Я сперва и сам этому-то не ахти как верил, так, болтали как-то... А намедни мне батальонного командира повар сказывал... Он в офицерском собрании ейной жене, батальонного-то, на именины обед готовил, ну и промежду офицеров, значит, разговоры об этом самом ротном и были... А повар-то, значит, и подслушай!..

— Ну! Ну! — послышались любопытные возгласы. Рассказчик перевел дух, откусил кусок хлеба и продолжал:

— Сам-то он, ротный-то этот, из немцев... А служил он перво-наперво в западном краю, в Польше...

— Ну, жуй скорее!..

— Ну и говорит же, ребята, как нищего за нос тащит!..

— Ну... И служил он, значит, в Польше; уж в каком там полку — запамятовал... А в Польше у мужиков с помещиками тяжба давнишняя идет... Из-за земли, ну вот как у нас... Ну, ждали, ждали мужики — видят, никаких пользительных манихвестов нет, а от тех манихвестов, что выходят, — одно огорчение... А теснота большая — хоть с голоду помирай... Да окромя того, тамошнее начальство совсем озверело, значит, тянет с мужиков последнюю копейку — прямо беда... Бьют, в холодную сажают... Ну, значит, терпели, терпели мужики — как ни кинь, все клин! Ни от бога, ни от начальства никакой помощи нет, а одно разорение только...

— Это мы и без тебя знаем!

— Каку новость сказал!

— А ты, брат, короче сказывай! Вишь, кашу несут!

— Н-ну… Терпели, терпели, значит, да возьми и выйди из всякого то есть терпения и повиновения… «Долго ли, говорят, мучиться будем?» Взяли да и пошли на помещиков… Земля, говорят, божья, а мы-де той земли прямые хозяева, потому кто на ней не работает, тому и владеть ей закону нет…» Н-ну… Пошли, экономии сожгли, амбары, риги, хлевы, лес — все дочиста разорили, а хлеб себе увезли — год-от был неурожайный…

— Тэ-э-эк!

— Т-э-к! Ну… выслали, значит, супротив них батальон пехоты. А в первой роте того батальона и был, значит, энтот самый ротный… Приходит на село, согнали мужиков… «Так и так, говорит, сказывайте, сукины дети, где хлеб?» Ну, те, известно, молчат… Тут выходит энтот ротный и подает команду: «Пли!» — стреляй то ись по крестьянам. А только ен, значит, сказал: «Пли!» — как вся рота, как один человек, взяла «к ноге!»… Увидел ен это — аж побледнел и затрясся весь… Одначе только зубами заскрипел — снова командует: «Прямо по толпе пальба ротою — рота, пли!» Хучь бы што! Стоят, молчат, ружья к ноге… И сделался тут, братцы мои, самый энтот ротный вроде как мертвец…

Все затаили дыхание… Ложки, протянутые за кашей, застыли в воздухе.

— Ударил ногой о землю и говорит: «Ежели сейчас не будет послушания, всем плохо будет!» Н-ничего!.. Отошел он на правый фланг, опять командует: «Так-то, так и так, рота, пли!» Куда тебе… Никто и не поше-велился. «Ну, грит, с вами, стало быть, иначе нужно разговаривать! Налево кругом марш! В казармы!..»

Приходят в казармы… Пообедали, значит, вроде вот как мы теперь… Дело к вечеру… И приходит, братцы мои, на поверку энтот самый ротный… Пьяный-распьяный, пьянее вина… Вошел дневальный[9] к нему с рапортом: «Ваше благородие, в первой роте такого-то батальона…» А он на него: «Пшел прочь, мерзавец, пока жив! — Кричит: — Построиться!» Построились… Вынимает он

---

[9] Дневальство — дневное наблюдение за порядком и чистотой в помещении роты.

левольверт, подходит к правофланговому... Ты, грит, какое такое полное право имеешь моих приказаний ослушаться? Сказывай, кто у вас в роте ичинщик и бунтовщик, а то вот тебе смерть!..» — «Не могу, грит, знать, ваше благородие!» Поставил он ему на висок левольверт — раз! — наповал... Даже не пик-нул... Кровища тут побежала... Подходит к следующему. «А ну, грит, сказывай, кто у вас в роте солдат смущает?» А тот, значит, стоит белый как бумага, однако насупротив ему отвечает: «Не могу знать, ваше благородие, а только что никто нас не смущает...»

Наставил он ему левольверт к самому сердцу — раз! Повалился тот возле первого... А ротный, значит, опять курок взвел, подходит к третьему. «А ну, грит, сказывай, кто у вас в роте первый смутьян и зачинщик?»

А солдат — тот, к которому ротный подошел, видит — дело плохо: зверь стал офицер, всю роту перебьет... И говорит он ему, ротному, значит: «Я, ваше благородие, есть первый смутьян и зачинщик!» — «Врешь, грит, ты!» — «Никак нет, ваше благородие!» — «А вот, грит, как?! Когда так... Фельдфебель, взять его, мерзавца, на гауптвахту!»

Посадили солдата в карцер, мертвых похоронили... Сидит он месяц, другой и третий, и выходит ему решение суда: в ссылку, на вечное поселение в сибирские края...

Рассказчик умолк и потянулся к чашке с кашей. Наступило молчание. Кто-то громко вздохнул. Моська утер невольную слезу и перекрестился.

— Чего крестишься! Али кашу приступом взять хочешь? — засмеялся Козлов.

Но на шутку его никто не обратил внимания. Все ели некоторое время молча.

— Ну, уж, ей-богу, братцы, и дурак этот самый солдат! — заявил Моська.

— Какой солдат?

— Как дурак?

— Сам ты дурак!

— Человек, значит, себя не пощадил, а он его дураком обзывает!

— А вот и дурак... Ну уж, пришлось бы, к примеру, мне, никогда бы я на себя напраслину взводить не стал.

79

— Мели, Емеля: твоя неделя! Ну а что бы ты сделал?

— Што? — Моська остановился с поднятой ложкой, и лицо его осклабилось широкой улыбкой. — Ты говоришь — што?

— Ну да, што?

— Што?

— Ну?

— Што?! А вот взял бы его, лешего, под микитки[10], скрутил бы ему лопатки, да так бы его унавозил, что — ах ты ну!..

— Ха-ха-ха! Ну и Моська!

— Ай да Аника-воин!

— Ой, уморил!

— Ха-ха-ха-ха-ха-ха!

Солдаты развеселились. Моська, неожиданно сделавшийся опять центром насмешек и прибауток, поспешил снова облизать свою ложку и вылезть из-за стола. Обед кончился. Солдаты крестились и выходили из столовой.

— Однако ты, Моська, держи язык за зубами,-заметил один солдат. — По глупости мелешь, а смотри… Всякий народ есть!..

А глядя на фигуру и комплекцию Моськи, нельзя было не согласиться с тем, что этот дюжий и неуклюжий мужик способен так «унавозить» и «разуважить», что тошно станет…

IV

Однажды в жаркий июльский полдень солдаты, только что возвратившись со стрельбы, чистили винтовки под широким дощатым навесом. Моська, по обыкновению, пустив свои пять пуль гулять по белу свету, был тут же и, навертев на шомпол паклю и тряпку, усердно протирал ствол винтовки… Пот с него катился градом, и шомпол свистал в могучих руках.

Чистка винтовок — одно из наказаний и мучений солдатской жизни. Бывали случаи, что солдат шел под суд и был наказываем

---

[10] Взять под микитки — под ребра.

розгами до полусмерти за то только, что где-нибудь на штыке его ружья находили незначительные пятна.

Моська остановился, вытащил шомпол с тряпкой, на которой уже нигде не оставалось ни малейшего сле-да грязи и копоти, и посмотрел в дуло на солнце, как трубку. Солнечные лучи ударили в отполированную поверхность стали и вонзились ему в глаза тысячью искр... Довольный своей работой, Моська подошел к взводному.

— Господин взводный, извольте посмотреть!

Взводный, бывший расторопный официант, слез со стола, на котором сидел, вынул руки из карманов и, небрежно посвистывая, взял у солдата ствол. Трудно было найти какие-нибудь недостатки в старательной чистке Моськи. Однако последний в роте солдат должен быть везде плох. Поэтому унтер сморщил нос и, повертев ствол в руках, подал его Моське обратно.

— Чисть еще! — процедил он сквозь зубы. — Кто ж так чистит? Ишь что раковин в ем!

Моська думал как раз наоборот, но тем не менее, губоко вздохнув, отошел и принялся с прежним остервенением тереть и обтирать сложную механику ружья.

Едва только он приступил к смазыванию маслом своего оружия, как под навес вошел Козлов.

— Поздравляю! — сказал он, комически сдвигая шапку на бровь и опершись руками о стол.

Солдаты взглянули на него и ничего не ответили.

— Позд-равляю! — еще громче крикнул Козлов. — Оглохли вы, а? Слышите, поздр-равляю!

— Ну и поздравляй! — буркнул кто-то.

— А ты спросил, с чем?

— А мне какое дело?

— Вот те и на! Смотрите, люди добрые: приходишь к этому свинопасу вроде как будто курьера с телеграфным сообщением, а он рыло воротит! То есть сразу видно, дикий и необразованный народ!

— Ты-то уж образован!

— Я-то? А пожалуй, что так! Вы, кислая солдатская шерсть, тут что знаете?! А я по крайней мере чичас в городе был...

— Ну!

— Ну… И поздравляю!

— О, леший! — возмутился один из чистивших и в сердцах бросил даже на стол затвор, который держал в руках. — И какая же, братцы, у этого Козлова анафемская привычка: придет — нет чтобы сразу сказать, а всю душу наперво из тебя выволокнет… У, живодер! — замахнулся он притворно на хохотавшего Козлова.

— Не балуй, Козел, — сказал взводный Моськи Задвижкин. — Чего людям работать мешаешь?

— Ну, скатал валенки!

— Отдал пушку![11]

— Пушкарь[12] и есть!

— Черти вы полосатые! — обиделся Козлов. — Когда я сичас от денщика нашего ротного! А новый у него сичас сидит, коньяк пьет за мое почтение!..

— С кем пьют, с денщиком?

— Ну! Конечно, с ротным!

— То-то!

— Сам видел, — продолжал Козлов. — Толщины, можно сказать, необъятной.

— Ты что, Козлов, вместе детей, што ль, с начальством крестишь, что так язык распустил? — строго заметил Задвижкин. — Смотри!

Мелкое начальство побаивалось Козлова. Еще в бытность новобранцем он во всеуслышание заявил, что всадит штык всякому, кто осмелится его ударить. И, зная его вспыльчивый характер, этому верить было можно. Поэтому там, где другой попал бы в карцер или на дежурство не в очередь, Козлов отделывался только окриками и замечаниями.

— Никак нгосподин взводный, — отчеканил Козлов. — Известно, правда глаза режет! Виноват-с, не буду больше!

— Чай, скоро к нам объявится, — заметил кто-то, -Приехал, так сидеть не будет.

---

[11] Скатал валенки, отдал пушку (жарг.) — приврал, обманул, подшутил.

[12] Пушкарь (жарг.) — обманщик, болтун, пустослов. В прямом значении: артиллерист.

— А не слышал ты, Козлов, какие у них разговоры были? — спросил Задвижкин.

— Нет, собственно… А так, одним краем уха… Да што: все наш ротный жалится… Интригуют уж, говоря очень… Все по службе неприятности… Все ножку-де подставляют, где ж тут, грит, служить станешь… А только что, говорит, с моим народом надо ухо востро держать! Только из-под палки, грит, и слушают!

Солдаты внимательно слушали. В жизни первой роты происходило историческое, так сказать, событие: перемена командира. Как ни строг и ни бестолков был прежний ротный, но солдаты его знали. Его привычки, система наказаний, слабости, недостатки, все, что он любит и не любит, было известно. К новому же предстояло еще привыкать и на собственной шкуре тяжелым опытом доходить до познания: что такое новый командир и как можно с ним жить.

— Ну, а он, новый-то? — спросил Моська и тотчас же спохватился, испугавшись своего вопроса в присутствии взводного.

— Новый? — рассеянно процедил Козлов, обводя глазами присутствующих. — Новый ничего… Сидит, молчит… Молчит да думает… Думает, да вдруг и спросит: «Вы, грит, так думаете! Неужели?»

— Охо-хо-хо! — протянул Задвижкин. — А може, и впрямь сегодня придет, коли приехал… Пойду-ко я там посмотрю…

Рыльце у него было в пушку, и надо было кое-что уладить. Задвижкин встал и вышел из-под навеса, торопясь к каптенармусу[13] сообщить новость в предупреждение могущих быть неприятностей. А неприятности могли произойти оттого, что у каптенармуса далеко не все было в порядке как в цейхгаузе[14], так и в амбарах…

Как только он скрылся, Козлов вскочил на скамье и сказал:

— Ну, ребята, держись теперь! Съест!

— Бог не выдаст — свинья не съест.

— Ой, съест! — заговорил молодой тщедушный парень с

---

[13] Каптенармус — должностное лицо в армии, отвечающее за хранение имущества в ротном складе (кладовой).

[14] Цейххауз (цейхгауз) — воинский склад оружия, обмундирования, снаряжения и т. п.

быстрыми, испуганными глазами. — Ведь и энтот-то живодер! А тот, сказывают, прямо людоед!

— Ну, не каркай, ворона! Поживем — увидим, — сказал другой солдат. — А что новая метла чисто метет, да недолго живет — так и это верно. Попервоначалу сегда так: наедет, накричит, нашумит. То неладно, другое нехорошо, а прошел месяц, надоест, пойдет по-прежнему... А и то сказать, чем наша рота остальных хуже? Так, придирка одна!..

Моська слушал все эти разговоры, и в нем рождалось уныние. Сердце говорило ему, что для него теперь настанет очень плохое житье. Он слыхал много рассказов о том, как расправляется начальство с негодными солдатами, и знал, что бывали такие случаи, когда придирались к пустякам, судили и отправляли в дисциплинарный батальон.

«Хоть бы в конвойную команду отправили! — думал он. — Все легче... Нет тебе этого ученья да емнастики... Вольготно. Когда и трудно бывает, а все же лучше...» Козлов готовился привести еще какие-то соображения по поводу нового командира, как вдруг под навес прибежал, запыхавшись, фельдфебель — низенький бритый старик с жесткими и хитрыми глазами, которые обладали способностью видеть во все стороны даже тогда, когда он, по-видимому, смотрел вниз.

— Бросай чистку! Собирай винтовки и марш на ученье. Живо!

Солдаты зашевелились. Ротное ученье в такой ранний час. Дело ясно: их будут «представлять» новому начальству.

Все кинулись в палатки...

V

Яркое полуденное солнце немилосердно жжет и палит. Ни ветерка, ни облачка; огромное зеленое поле, где сотни раз выводили живых людей и, как лошадей в цирке, заставляли выделывать разные кунстштюки[15], пусто. Далеко, на другом берегу

---

[15] Кунстштюки (кунштюки) — разные проделки, фокусы, ловкие штуки.

реки, густо порошей ивняком, синеет гряда леса, уходя в бесконечную даль. С другого края круглой зеленой площади белыми зубчатыми линиями раскинулись лагеря. Издали маленькие четырехугольные палатки кажутся карточными домиками, готовыми разлететься от легкого дуновения. Там и сям между ними зеленеют тощие тополя и акации. Везде пусто — в поле и небе… Все, кажется, спит, очарованное жарким, ослепительным светом.

В первом ряду маленьких белых палаток заметно движение… Мелькают, шевелясь, исчезая и появляясь вновь, белые точки… Их все больше и больше, и вот, заслоняя очертания палаток, около лагеря начинает извиваться маленькая белая змейка, сверкая длинными блестящими искрами… Слегка подаваясь то влево, то вправо, она растет, приближается… То тут, то там показываются красные точки околышей и погонов, штыки сверкают все гуще и гуще… Слышен далекий равномерный топот, в такт которому волнуется белая колонна. Еще несколько минут, и вы видите, что маленькая белая змейка превратилась в первую роту *** батальона, мерным, торопливым шагом выходящую в учебное поле «представляться» своему новому ротному командиру.

Отойдя от лагерей сажень на сто, рота остановилась. Раздалось одновременное бряцание, и штыки, сверкнув еще раз, опустились. Фельдфебель вышел вперед, молодцевато крикнул, метнул глазами направо и налево и скомандовал:

— Р-ряды-ы-… стр-р-ройся!

Раз-два-три! Рота из четырехвзводной вытянулась в двухвзводную колонну.

— Р-ряды-ы… стр-р-ройся!

Раз-два-три! Теперь шеренги слились в одну и вытянулись длинной прямой линией.

— Равняйсь! Смирно!

На дороге, ведущей из лагерей к батальонной церкви, показалось облачко пыли… Пара вороных лошадей мчала легкую коляску с тремя офицерами. Перед фронтом коляска остановилась, и двое из них — батальонный командир, полковник, седой стройный старик, и прежний ротный, худощавый блондин, — с строгим и усталым видом быстро выскочили из коляски на землю.

85

Третий, казалось, был нарочно создан для того, чтобы его возили в экипажах. Он не сразу вылез, но, двигаясь осторожно и степенно — причем коляска чуть-чуть не опрокинулась, — поставил на подножку одну ногу, а другую на землю и слез. Затем так же степенно, по-солдатски повернулся всем корпусом и выпрямился.

Солдаты с удивлением глядели на его фигуру. Был он страшно толст, непомерно. Казалось, все в этом круглом шарообразном теле кричало о том, что тесен божий мир и негде повернуться. Трудно было сказать, где кончалась голова и начиналась шея: то и другое было красно и непомерно широко. Он был маленького роста, и поэтому ноги его, толстые, короткие обрубки, одетые в широченные шаровары, казались продолжением туловища.

Трудно было ожидать от такого субъекта поворотливости. Каково же было изумление солдат, когда толстяк быстро и легко вместе с полковником и бывшим ротным направился к фронту.

— Смирно! — прокричал фельдфебель, прикладывая руку к козырьку.

— Здорово, ребята! — сказал полковник.

— Здрав-жлам-вашскобродь!

— Это ваш новый ротный командир, — продолжал полковник. — Слушайтесь и любите его!

Он сказал что-то прежнему ротному, и они, простившись с толстяком, сели и покатили обратно. Толстяк помолчал немного, затем, вытянувшись и приподнявшись на носках, крикнул тонким бабьим голосом:

— З-здоро, молодцы, первая рота!

— Здрав-жлам-вшбродь! — рявкнули «молодцы».

— Я ваш новый начальник! — продолжал толстяк. — Никаких послаблений от меня не ждите! Инструкцию исполнять неукоснительно! Словесность[16] знать назубок. Нос не вешать. Будете хороши — и я буду хорош. Нянчиться с вами я не стану. Мои приказания святы! Издохни, да сделай!

И он помчался вдоль фронта, тяжело дыша, обтирая мокрое лицо батистовым платком и внимательно всматриваясь в лица

---

[16] Словесность — здесь: воинские уставы в дореволюционной армии.

солдат. Те почтительно провожали глазами начальство, и в лицах их можно было прочитать одно — оторопь!

Моська стоял четвертым с правого фланга, и дыхание у него спирало в груди. Он не мог оторвать глаз от этого красного, белобрысого, толстого человека с белыми ресницами и голубыми глазами, и, видя, как он подвигается к нему все ближе и ближе, Моська испытывал точно такое же чувство, какое испытывает человек при виде жабы. Теперь он мог хорошо его разглядеть. Маленький подбородок, утонувший в толстых складках шеи, придавал его лицу смешное, бабье выражение. Но в низких желтоватых бровях и далеко ушедших внутрь голубых глазках таилось что-то бесконечно упрямое, высокомерное и жестокое. Он подошел к Моське и быстро мимоходом впился острым злорадным взглядом в испуганное лицо солдата.

«Убивец!» — вдруг подумал Моська, и острый холод пронизал его с ног до головы. И, провожая взглядом широкий затылок ротного, он испытывал какое-то смешанное чувство удивления и боязливой ненависти при мысли, что этот грузный, короткий и широкий офицер хладнокровно убивал себе подобных. Но сейчас же это чувство прошло, так как Моська вспомнил, что теперь надо быть начеку и не сделать какого-нибудь промаха. И он еще крепче сжал винтовку в руке.

Пробежав фронт, ротный несколькими быстрыми прыжками отскочил задом от фронта и выкрикнул:

— Слуша-ай! С колена, по колонне — восемьсо-от па-альба... р-ротою!

Шеренга роты разом упала на одно колено и ощетинилась острым гребнем штыков. Торопливо защелкали затворы.

— Р-рота!

Приклады у плеча...

— Пли!

Треск курков.

Толстяк подумал несколько мгновений и вдруг пошел сзади шеренги, внимательно осматривая постановку ног. Дойдя до Моськи, он остановился — и сердце солдата упало.

— Фельдфебель! — услышал сзади себя Моська визгливый тенорок ротного.-Дай-ка этому псу по шее и научи его ставить ноги!

Секунда-другая — и у Моськи в глазах земля заходила ходуном и все завертелось. Опомнившись от удара, он слышал, как толстяк сказал фельдфебелю:

— На три дневательства не в очередь и неделю без отпуска!

«Новый» начинал, по-видимому, оживляться: то тут, то там слышался его визгливый крик, и его нога в широком лакированном сапоге то и дело толкала солдат, то и дело поправляя ноги и руки. Наконец он скомандовал:

— Встать. Солдаты встали.

— Плохо! Вижу сразу, что все плохо! — кричал ротный. — Но я вас буду учить! Я многих, многих учил!

Началось бесконечное ротное ученье — с марширов-ками, с беглым шагом, поворотами и построениями, в течение которого ни на минуту не смолкал голос, бранчливый и визгливый, толстяка. Глаза его моментально обегали роту и вспыхивали, когда он замечал оплошность или ошибку.

Через два часа солдаты, разбитые и усталые, шли к палаткам. В воздухе неслась бессмысленная, трактир-но-солдатская песня:

Крутится, вертится шар голубой, Крутится, вертится над головой, Крутится, вертится, хочет упасть…

VI

Для первой роты наступили тяжелые времена. Все подтянулось. Ничто не ускользало от внимания и зоркого взгляда маленьких голубых глаз нового командира. Он проявил поистине какую-то чудовищную неутомимость и, раз решив, очевидно, поставить роту на «образцовую» ногу, не давал никому покоя. Он лично осматривал одеяла, матрацы, мундиры, брюки, галстуки, пуговицы, пояса, винтовки, сумки — все, что только имело отношение к солдату и к чему имел отношение солдат. Ночью он являлся неожиданно, когда все спали, и, выслушав рапорт дежурного по роте, молча обходил палатки, прислушиваясь к дыханию спящих, стараясь определить, спит ли человек или только притворяется.

На ученье он выходил из себя, если случайно вздрагивал штык у кого-нибудь в рядах… Он даже похудел и побледнел, если только можно назвать худобой увеличившееся количество складок на шее и менее красный цвет лица. В течение какой-нибудь недели он устроил два обыска в солдатских сундуках, ища запрещенных книг и прокламаций, «потому что, — как выразился он однажды, — солдат насчет этого не дурак…». В гимнастике он требовал безукоризненной отчетливости, и солдат, перескочивший, например, яму так, что одна нога его была впереди другой на два вершка, — должен был прыгать до тех пор, пока не делал прыжок удовлетворительно или не сваливался от изнеможения.

Зайдя однажды на кухню, он приказал посадить на трое суток под арест артельщика и повара за то только, что те вздумали сварить вместо надоевшей капусты макароны.

— Это что такое? — визжал он. — Что за Италия? Зачем это? Макароны? Баловство! Щи и каша — каша и щи! Вот солдатская еда. Если вы, сукины дети, еще купите макарон, я вас самих заставлю сожрать весь котел.

Каждый день кто-нибудь сидел в карцере. Сажал он за всякие пустяки: за недостаточно молодцеватое отдание чести, оторванную пуговицу, плохо смазанную винтовку. Все ходили на цыпочках. Даже развеселый Козлов приуныл после того, как постоял под ранцем шесть часов и едва не слег после этого в лазарет.

Фамилия нового ротного была Миллер. Тупой, злопамятный и ограниченный, он ненавидел солдат, как своих личных врагов, и не без основания: редко кто из рядовых, увидев где-либо между палатками широкий, собачий затылок Миллера, не посылал ему проклятие. В пьяном виде он бывал очень чувствителен; тогда он собирал солдат вокруг себя и, засучив руки в карманы, икал и, нелепо двигая бровями, пояснял им, что он их «отец» и прочее. Но горе тому, кто во время этих крокодиловых слез не умел изобразить в лице достаточного внимания к словам немца: слащаво-нахальное лицо Миллера мгновенно принимало жесткий и угрюмый вид, глазки суживались, и «отец» уже совершенно другим тоном, с угрозами и ругательствами набрасывался на тех, кто, по его мнению, недостаточно близко принимал к сердцу его слова.

— Тебе, Федоров, я вижу, трудно меня слушать, — начинал он в таких случаях. — Так чего же ты, братец, здесь стоишь? Тебе не нравится, да? Не нравится, я вижу, ие нравится, что я говорю? Ты, может быть, лучше на сходку пошел бы, к разным социалам? А? Ну что же, ступай и ступай, братец!.. Насильно мил не будешь!.. Ах ты, бродяга! — неожиданно накидывался он на оторопевшего Федорова. — Да ты знаешь, кто я? Как ты с-смеешь, мерзавец? — и взгляд, полный ненависти, казалось, хотел пробить насквозь и пригвоздить к земле ни в чем не повинного Федорова.

— Ну и слон, братцы! — сказал однажды Козлов в своей компании, играя «в три листика». — Этакого слона ни в сказке сказать, ни пером описать. Хоть западню на него ставь…

— Кто это — слон? — спросил партнер, убивая козырного валета.

— А он — Миллер, едят его мухи! Иду я давеча — глядь, он катит по дорожке, все место занял — не пройдешь… Чисто слон…

Кличка Слон так и осталась за Миллером. Слово, пущенное случайно за карточной игрой, крепко пристало к новому ротному и даже среди офицеров, узнавших, как зовут Миллера солдаты, получило право гражданства.

Легко представить, во что обратилась теперь жизнь для Моськи. Два раза фельдфебель докладывал Миллеру, что Моська — никуда не годный солдат, и два раза Слон категорически, с пеной у рта, заявлял, что плохих солдат у него быть не должно.

— Бей! Плох — бей! Под ранец! В карцер! Все, что хочешь! Или сгони в могилу, или сделай солдата!

Мелкое солдатское начальство: ефрейтора, унтера, фельдфебель, — подгоняемые сверху, окончательно осточертели и походя срывали злобу на более робких и забитых. Особенно невыносимой жизнь сделалась для Моськи.

Парень похудел, осунулся, и в глазах его, больших и недоумевающих, появилось какое-то новое, небывалое выражение затаенной тоски и безграничного отчаяния. Как затравленный зверь, вздрагивая при виде офицерских погон, бродил он по казарме, грязный, оборванный и жалкий, сторонясь товарищей и неохотно вступая в разговоры… Только когда осень позолотила листву деревьев и желтое жниво ощетинилось в полях, взгляд его как будто прояснился и стал мягче: парень вспомнил дом,

90

домашние работы, уборку хлеба и родную ниву, далекую от его холодной, мрачной казармы…

VII

Батальонная канцелярия помещалась возле офицерского собрания, на большой лужайке, затейливо украшенной живой изгородью и цветочными клумбами. Смеркалось. В окнах дежурной комнаты вспыхнул огонь и осветил два окна. Это Моська, назначенный сегодня вестовым к дежурному по батальону, ротному командиру первой роты капитану Миллеру, зажег огонь.

Миллер еще не приходил. Моська, свободный пока от несения служебных обязанностей, сидел у большого некрашеного стола и перелистывал тоненькую книжку, на обложке которой был нарисован огнедышащий змей с двумя целыми головами и одной отрубленной. Возле змея стоял молодой человек в латах и шлеме и замахивался мечом на другую голову. В темной офицерской комнате часы торопливо и бойко постукивали, как бы разговаривая сами с собой… В окно доносились смешанные звуки лагерной жизни: игра на гармонии, отрывки песни, брань, стук шагов.

Дверь неожиданно распахнулась, и на пороге появился Слон, заняв корпусом всю ширину дверей. Он был пьян и пальцами слегка придерживался за косяк. Моська вскочил и вытянулся. Миллер обвел взглядом помещение и грузными, короткими шагами направился в дежурную комнату.

— Огня! — бросил он на ходу.

Моська кинулся со всех ног к лампе, от волнения руки его дрожали, и спички тухли одна за другой. Наконец вспыхнул огонь, и тусклый свет озарил дешевые обои, письменный стол и кровать в углу. На стол стояли пустые пивные бутылки, на тарелке лежал сыр и кусок хлеба. Слон с минуту постоял посередине комнаты, потом засунул руку в карман и, вытащив скомканную десятирублевку, бросил ее на стол.

— Вестовой! — прохрипел он. — Живо за коньяком! Марка «Н» с

черной звездочкой — бутылку! Ты, песья душа, знаешь, что такое звезда? Звезда... звездочка... трум, трум... трум... Ну, чего стал? Живо, марш!

Моська бегом бросился в офицерский буфет и через пять-шесть минут вернулся с бутылкой коньяку и большой граненой рюмкой. Поставив принесенное на стол, он отошел к порогу и, вытянувшись, замер.

Слон сел на кровать у стола и согнулся, подперев голову руками. Сигара, которую он сосал, постепенно выползла изо рта и с легким стуком упала на пол. Слон вздрогнул, посмотрел на Моську тупым соображающим взглядом и потянулся.

— Налью-ка я себе...— бормотал он, — а тебе, вестовой, тебе не налью... Я — офицер, ты же есть холуй... А потому трескай себе казенную водку, жри... А я буду пить коньяк! — Он медленно налил рюмку и залпом ее опорожнил. — Ты, — продолжал он, обтирая усы и грузно пыхтя, — в сущности не должен на меня смотреть... Это р-роняет... пре...престиж власти... Этого не полагается... Ну, все равно... Я буду пить, а ты облизывайся...

«Убивец!» — думал Моська, глядя на красные, пухлые руки Слона с оцепенением, похожим на чувство, с каким жертва смотрит на своего палача.

— Пью я, дорогой мой солдат...— сказал Миллер, облокотившись на стол и положа голову на руки. — Пью... Пьян же отнюдь не бываю... Отнюдь! Заметь это... Почему? Ответ ясен: потому что устаю, и мне добрая бутылочка всегда полезна... А как с вами, собаками, не устать? Сильно устаю... Как тебя зовут?

— Мосей Щеглов, вашбродь! — едва слышно произнес Моська.

— Мо-сей... Щег... Щег... А! а!.. Это ты, дорогой, значит, так отличаешься? Это ты-то никуда не годная тварь? Н-ну-ну! А ведь я вас учить приехал? А? Я вас выучу!

Слон засмеялся и лукаво погрозил Моське пальцем.

— Но без тонкостей! Эти разные шуры-муры солдатские, нюансы и амуры — побоку! К черту! Учить — прямо, честно, по-солдатски! В ус и в рыло! Чего дрожишь? Не бойся! А ты думал, что тут тебе тятя с мамой блины пекли? Как же! Держи карман шире! В солдаты пошел — пропал! Нет больше никакого Мосея, а есть рядовой! И как рядовой ты об-бязан исполнять все... Быстро, точно и… и б-беспрекословно! Скажу — убей отца! Убивай моментально, дохнуть не дай! Скажу — высеки мать! Хлещи нещадно! В рожу тебе плюну — разотри и с-смотри козырем, женихом, конфеткой! Захочу — сапоги мои целовать будешь! Вот что! Ха-ха-ха-ха-ха!..

Мосей вздрогнул. Слон хохотал неистово, сладострастно, и толстые багровые жилы вздулись на его лбу… Наконец, задыхаясь, он хлебнул еще рюмку и продолжал:

— Вас, скотов, берут на службу для чего, как бы ты думал? Ну — родина там… что ли… отечество… для защиты, а? Царь, мол, бог… Те-те-те! Для послушания вас берут, вот что! И потому существует дисциплина Без дисциплины ты есть что? Мужик. А нам мужика не надо, не-ет! Совсем н-не надо!.. Пусть и духу в мужицкого не останется! Чтоб и про село свое он был, где родился. Тебя посылают, тебе приказывают — и… баста! А куда, зачем — тебе какое дело! Пошлют на японца — сдыхай в Маньчжурии… Пошлют мужиков бить — режь, грабь, жги! Тебе какое дело? Я в ответе, не ты!

Слон выпил еще.

— Я знаю, вы народ хитрый, вы, собаки, дошлые! Я знаю!.. Я все знаю! Знаю, куда у вас ходят по вечерам! Знаю, какие книжки вы читаете! И прокламации… Под расстрел хотите? М-можно… Вы думаете, эти дураки ваши, деревенские-то, добьются чего-нибудь? Шиш с маслом! З-земли и воли? А штык в спину? Политической свободы, ска-а-жите!.. А пятьсот горячих? Демократической республики! А кулак в зубы? Ниче-е-го вам не надо и… незачем!.. Ведь вами, как скотиной, надо пользоваться! Вези, пока не сдох!.. Мы! — Он ударил себя кулаком в грудь. — Мы благородны! Мы люди! Наши деды на ваших дедах верхом ездили! Сено возили!.. Мы сильны и… б-благородны! А вы хамы!

…Я вас буду учить! Я буду палкой загонять вам в голову словесность… А стрельбе научу без пр-ромаха! Десять раз у меня окривеешь, и будешь попадать! «Нет у тебя бози инии, разве мене[17]…» Помни эту заповедь,., а то я спущу тебе штаны и напомню по-своему!.. Ведь ты хам, с тобой все можно!.. Запорю, засужу, уб-бью — и ничего не будет! Ведь ты хам, хам? Да? Говори! Хам?

---

[17] «Нет у тебя Бози инии, разве мене…» (церковнослав.) — Нет у тебя Бога иного, кроме меня.

Они стояли лицом к лицу: один — озверевший от вина, злобы и скуки: другой — белый как мел... Губы у Моськи дрожали, и сердце сжималось от невыносимо тоскливого и отвратительного чувства... Уйти бы, уйти, уйти!

— Ну... ну, говори... Хам ты или нет?

Рука Миллера уже протягивалась в воздухе, ища, за что схватить Моську. Исступление овладевало им...

— Никак нет, вашбродь! — вдруг сказал Моська быстро и отчетливо, смотря прямо перед собой...

Наступило молчание... С минуту Слон стоял перед Моськой, вытаращив круглые, пьяные глаза и смешно двигая бровями. Он старался уловить смысл неожиданного для него солдатского ответа...

— Что — «никак нет»? — переспросил он, садясь снова на кровать, причем она оглушительно затрещала. — Что — «никак нет»? — закричал он, снова приходя в бешенство. — Так я вру? Так ты кто? Чел-ловек, «чаэк», м...мужик, крестьянин? А не хам ли ты, подлая, рабья душа? Так я... что же, по-твоему, делаю, вру? А? вру?..

Тоскливое, нудное чувство вдруг сразу прошло у Моськи, точно его совсем и не было... Комната поплыла перед его глазами, и вдруг стало как-то странно легко и весело... Он внутренне усмехнулся и сказал быстрым, громким шепотом:

— Вы... людей убиваете, вашбродь... Вот что вы делаете!

Миллер откинулся назад всем корпусом, и его широкий, плоский затылок глухо стукнулся о деревянную стену. Через мгновение он расхохотался звонким переливчатым смехом:

— Ай-яй-яй! А-ха-ха-ха-ха-ха! Ай да вестовой! Ну и мужик! Ну и глуп, глуп, ну и глуп же ты, глуп, глуп ужасно! Да ведь ты совсем, совсе-ем дурак... Набитый дурак! Ты это понимаешь? Или не совсем? Отмочи-и-ил! Так что? Людей убиваю? А почему же не убивать, а? Зачем им жить, ну? Зачем?.. Скажи!

Слон нагнулся на кровати и впился в лицо Моськи маленькими, пьяными, тусклыми глазками.

— Подлец! Мерзавец! Идиот! — вдруг заорал он, топая ногами. — Да как ты... Да я... Да смеешь ты как?! Убью, зарежу! Задушу! И в ответе не буду!

Моська стоял неподвижно и грустно смотрел в окно… Ему совсем не было страшно, только хотелось скорей и во что бы то ни стало кончить эту безобразную, унизительную сцену…

Наступило молчание… Стенные часы звонко пробили девять… Лампа коптила, бросая гигантскую уродливую тень на стену от круглой, огромной головы Слона,,, На крыльце послышались шаги. Миллер поднял голову,

— Я с тобой разделаюсь, — сказал он, посмотрев в лицо вестовому взглядом, полным холодной угрюмой злобы. — Будешь доволен… Ступай, кто там?..

Моська вышел в переднюю.

VIII

В передней, робко толпясь у дверей, стояло пятеро молодых солдат четвертой роты. Впереди других стоял худенький юноша солдат, держа в руках большую деревянную чашку.

— Вы чего, ребята? — спросил Моська и прибав шепотом: — Пьян дежурный-то!.. Злой, кричит… топает… Вам чего?

— Ну, Моська, не собаки же мы, — сказал один солдат. — Ты посмотри, как кашицу варят, с червями… Что ж, с голоду помирать, што ль? Сухарями-то сыт не будешь. Ступай доложи дежурному: так и пришли, мол, из четвертой роты, на кашу жалятся… Пища, мол, негодная совсем…

В дверях неожиданно появился Миллер, угрюмо смотревший на группу солдат.

— Вы что? — отрывисто спросил он.

— Позвольте доложить вашему благородию, — ступил солдат с чашкой, — то есть никак не возможно есть эту кашицу… С червем, вашбродь!.. Так что хотели беспокоить ваше благородие… По нужде!..

— Покажи, — сказал Слон и, взяв у солдата чашк стал рассматривать ее содержимое при свете лампы, — Гм, черви… Где же черви? Я не вижу…

— Вот, извольте посмотреть, вашбродь, — сказал! третий солдат, подавая обрывок бумажки, на которой! лежали два маленьких мокрых комочка. — Они самы...

Миллер неожиданно размахнулся и швырнул чашку! из всей силы в лицо говорившему. От неожиданности тот откинулся назад и ударился головой о косяк двери. Горячая серая жидкость потекла по его лицу, мундиру и брюкам, а на губах показалась кровь...

— Да вы что, собаки! Сговорились, что ли?! — заревел капитан. — Бунтовать? Жаловаться? Черви? Сами вы чер-рви! Я вас!..

Он отскочил на два шага, быстро отстегнул кобуру и выхватив черный блестящий револьвер, в упор направил его в грудь первому, кто стоял ближе к нему. От неожиданности и изумления никто не успел даже пошевелиться, поднять руку. Сухо щелкнул взводимый курок...

Вдруг с быстротою молнии Моська кинулся к Миллеру сзади и, схватив капитана за плечи, сильно ударил его ногой под коленки... Слон потерял равновесие и грузно брякнулся спиной о пол. Комната заходила ходуном от сотрясения... Так же быстро одной рукой подхватил Моська упавший револьвер, а другой оборвал тоненькую шашку капитана... Миг — и она со звоном разлетелась в куски, скомканная дюжей рукой Моськи. Миллер, придавленный тяжелым солдатским коленом у самого горла, беспомощно хрипел и метался, хватая руками воздух...

— Будет, барин, над людьми измываться!.. — высоким, не своим голосом крикнул Моська. — Люди мы, не псы, не хамы! Что ты своим благородством-то гордишься, убивец! Убивец ведь ты! Ведь ты людей по миру пускал! Ты за что хотел человека стрелять? Ах ты, пес, негодная ты тварюга! Ты мне чего сичас говорил? Плюну, мол, тебе в рожу, а? А ты, мол, разотри да смейся, а? Так на же тебе! — Он нагнулся над посиневшим от страха и злобы Миллером и звучно плюнул ему в лицо. — Разотри! — сказал он, вставая. — Вот и будешь ты... конфетка!..

Слон медленно поднялся... Глаза его блуждали, а губы беззвучно шевелились... Моська стоял перед ним, сжимая кулаки, и смотрел на этого жалкого пьяного человека-зверя... Потом подумал и сказал:

— Ничего, говоришь, не добьемся? Врешь! Всего добьемся!

Через два месяца Моська был присужден за насилие над офицером и оскорбление последнего при исполнении служебных обязанностей в бессрочную каторгу. Но первая рота помнит Моську.

Список